JN131991

「日本語能力試験（JLPT）」対策

日本語総まとめ N4

NIHONGO SO-MATOME

佐々木仁子
松本紀子

多言語対応版 ▶

ぶんぽう
どっかい
ちょうかい

ask

翻訳リスト
<ruby>翻訳<rt>ほんやく</rt></ruby>リスト

（Lista de traduções、Daftar terjemahan、अनुवाद सूची、Listahan ng pag sasalin、

පරිවර්තන ලැයිස්තුව、�‌ဘာသာပြန်စာရင်း）

各言語の翻訳が QR コードからご覧いただけます。
<ruby>各言語<rt>かくげんご</rt></ruby>の<ruby>翻訳<rt>ほんやく</rt></ruby>が QR コードからご<ruby>覧<rt>らん</rt></ruby>いただけます。

Tradução em português disponível por meio de código bidimensional.

Terjemahan Bahasa Indonesia dapat dilihat melalui kode batang dua dimensi.

तपाईंले QR कोडबाट नेपाली अनुवाद हेर्न सक्नुहुन्छ।

Maaaring tingnan ang pagsasalin sa tagalog mula sa dalawang-dimensional na code.

සිංහල භාෂා පරිවර්තනය QR කේතය භාවිතයෙන් බැලිය හැකිය.

မြန်မာဘာသာပြန်ကို၊ QRကုဒ်မှကြည့်ရှုနိုင်ပါသည်။

＊翻訳言語が追加されても、本書の QR コードはそのままお使いいただけます。
＊<ruby>翻訳言語<rt>ほんやくげんご</rt></ruby>が<ruby>追加<rt>ついか</rt></ruby>されても、<ruby>本書<rt>ほんしょ</rt></ruby>の QR コードはそのままお<ruby>使<rt>つか</rt></ruby>いいただけます。

この本は
▶ 日本語能力試験（JLPT）N4 合格を目指す人
▶ 日常生活でよく使われる基本的な文型を身につけたい人
▶ 日常的な場面で話される会話や身近な話題の文章を理解したい人
のための学習書です。

◆この本の特長◆

- 日本語能力試験（JLPT）N4 でよく出題されるポイントを6週間で効率よく学習できます。
- N4 受験対策だけでなく、日常生活で役に立つ文型、文章、聞き取りの勉強ができます。
- 1週間に1回分、まとめ問題がついているので、理解の確認ができます。
- 翻訳がついているので、一人でも勉強できます。

がんばって勉強してください。

2023年10月

佐々木仁子
松本紀子

This study book is for
–people who are studying for the JLPT Level N4
–people who wish to learn basic sentence patterns that can be used in daily life
–people who wish to understand everyday conversation and be able to read passages on familiar topics

Special features of this book
–You can focus your study on the key points that frequently appear on the JLPT N4 test in span of six weeks.
–In addition, you will learn sentence patterns and reading comprehension and listening comprehension skills that are useful in daily life.
–The included weekly tests will enable you to check your progress regularly.
–English and Vietnamese translation will allow you to study on your own.

Good luck!

Quyển sách này là sách học dành cho:
–Các bạn đặt mục tiêu thi đậu Kỳ thi Năng lực Nhật ngữ (JLPT) cấp độ N4
–Các bạn muốn trang bị các mẫu câu căn bản thường được sử dụng trong sinh hoạt thường ngày.
–Các bạn muốn hiểu các đoạn hội thoại trong các tình huống thường nhật và các đoạn văn về các đề tài gần gũi quanh mình.

Đặc trưng của quyển sách này
-Có thể học các điểm thường được đưa ra trong Kỳ thi Năng lực Nhật ngữ (JLPT) cấp độ N4 trong 6 tuần một cách hiệu quả.
–Có thể học các mẫu câu, đoạn văn, nghe hiểu có ích trong sinh hoạt thường ngày chứ không chỉ là đối sách dự thi N4.
–Có bài tập tổng hợp mỗi tuần 1 lần nên bạn có thể kiểm tra mức độ hiểu bài.
–Có thể tự học một mình vì có phần dịch tiếng Anh - tiếng Việt.

Các bạn hãy cố gắng học nhé.

もくじ　Table of Contets / Mục lục

✎ 試験日
しけんび

年2回（7月と12月の初旬の日曜日）
ねん　かい　　がつ　　　がつ　しょじゅん　にちようび

※海外では試験が年1回の都市があります。
かいがい　　　しけん　ねん　かい　とし

✎ レベルと認定の目安
にんてい　めやす

N4 の認定の目安は「基本的な日本語を理解することができる」です。
にんてい　めやす　　きほんてき　にほんご　りかい

✎ 試験科目と試験時間
しけんかもく　しけんじかん

言語知識（文字・語彙）＜25分＞　言語知識（文法）・読解＜55分＞　聴解＜35分＞
げんごちしき　もじ　ごい　　　ぶん　げんごちしき　ぶんぽう　どっかい　　　ぶん　ちょうかい　　ぶん

✎ N4の合否の判定
ごうひ　はんてい

「得点区分別得点」と、それらを合計した「総合得点」の二つで合否判定を行います。得
点区分ごとに基準点が設けられており、一つでも基準点に達していない場合は、総合得
点が高くても不合格になります。

総合得点		得点区分別得点			
		言語知識 （文字・語彙・文法）・読解		聴解	
得点の範囲	合格点	得点の範囲	基準点	得点の範囲	基準点
0〜180点	90点	0〜120点	38点	0〜60点	19点

試験日、実施日、出願の手続きのしかたなど、「日本語能力試験」の詳しい情報は、
しけんび　じっしび　しゅつがん　てつづ　　　　　にほんごのうりょくしけん　　くわ　じょうほう

日本語能力試験のウェブサイト　https://www.jlpt.jp をご参照ください。
にほんごのうりょくしけん　　　　　　　　　　　　　　　　　さんしょう

この本の使い方
（ほん つか かた）

How to use this book
Cách sử dụng quyển sách này

＜文法＞ Grammar
（ぶんぽう） Ngữ pháp

◆本書の第1週目～4週目は文法を勉強します。
（ほんしょ だい しゅうめ しゅうめ ぶんぽう べんきょう）

In this book, the first week to the fourth week of study are devoted to grammar.
Tuần thứ nhất ～ tuần thứ tư của sách này bạn sẽ học Ngữ pháp.

◇ここから翻訳リストが見られます。
（ほんやく み）

You can see lists of translations from here.
Bạn có thể xem danh sách dịch từ đây.

◇まず、ここに書いてある問題を解いてみましょう。
（か もん だい と）

First, answer the following question.
Trước tiên, hãy thử trả lời câu hỏi ở đây.

◇重要な例文です。
（じゅうよう れいぶん）

These are important example sentences.
Câu ví dụ quan trọng.

◇文法項目です。
（ぶんぽうこうもく）

These are grammatical items.
Mục ngữ pháp.

第4週　文法を勉強しましょう④

3日目　この 本は 使いやすいです。
（ほん つか）

ぼくは からいカレーが 大好き！

Q.（　）に入るのは？
このカレーは（　）すぎます。

から　からい　からく

おぼえましょう

この ぼうしは 私には 小さすぎます。
（わたし ちい）

This hat is too small for me. / Cái nón này quá nhỏ với tôi.

～すぎる　＊V=ますすぎる　i-A=いすぎる　na-A=なすぎる

This expresses that something is too much of something and is not appropriate. / Thể hiện sự quá độ, không phù hợp. （程度を超えていて、適切ではないことを表す。）

- きのう、お酒を 飲みすぎて、頭が いたい。
（さけ の あたま）
- 漢字は 多すぎて 覚えられません。
（かんじ おお おぼ）

この ペンは 書きやすいです。
（か）

This pen is easy to write with.
Cây viết này dễ viết.

V やすい　＊V=ますやすい

① easy to ～ / có thể ～ một cách dễ dàng. （かんたんに～できる）
- 田中先生の 説明は わかりやすいです。
（た なかせんせい せつめい）
- この くつは じょうぶで はきやすい。

② can ～ easily / ～ ngay lập tức （すぐに～してしまう）
- その ワイングラスは うすくて 割れやすいから、気をつけて。
（わ き）

V にくい　＊V=ますにくい

① cannot easily ～ / không thể ～ một cách dễ dàng （かんたんに～できない）
- この 地図は、小さくて わかりにくいです。
（ちず ちい）
- カタカナが 多いと、読みにくい。
（おお よ）

② is hard to ～ / mãi không ～ được （なかなか～しない）
- この紙は じょうぶで やぶれにくい。
（かん）

◇解説や例文です。
（かいせつ れいぶん）

These are tutorial explanations and example sentences.
Giải thích và câu ví dụ.

◆ 1日目から6日目は提示された文法項目を勉強します。7日目はその週に勉強したことを確認するまとめ問題です。

From Day 1 to Day 6, you will study grammatical items provided. On Day 7, you will have a review test to check what you have learned during the week.

Các bạn sẽ học các mục Ngữ pháp được trình bày từ ngày thứ nhất đến ngày thứ 6. Ngày thứ 7 là bài tập tổng hợp để kiểm tra những gì bạn đã học trong tuần đó.

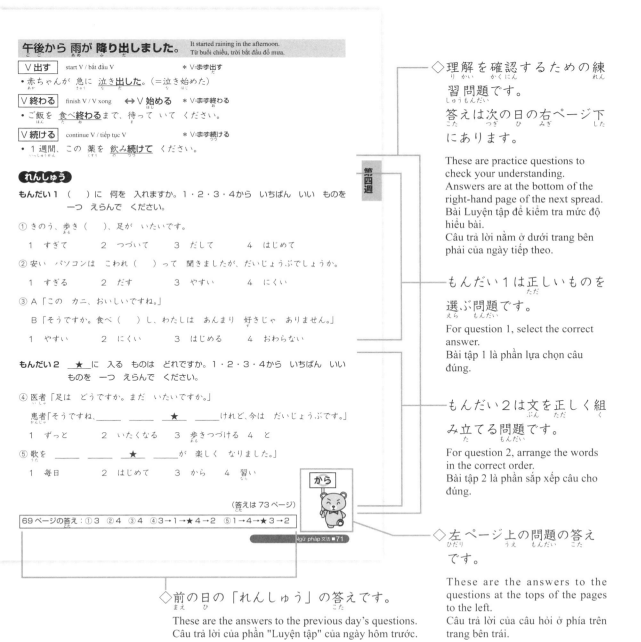

午後から 雨が 降り出しました。

It started raining in the afternoon.
Từ buổi chiều, trời bắt đầu đổ mưa.

V出す start V / bắt đầu V　　＊ V‐ます出す
・赤ちゃんが 急に 泣き出した。（＝泣き始めた）

V終わる finish V / V xong　⟷ 始める　　＊ V‐ます終わる
・ご飯を 食べ終わる まで、待って いて ください。

V続ける continue V / tiếp tục V　　＊ V‐ます続ける
・1週間、この 薬を 飲み続けて ください。

れんしゅう

もんだい1　（　）に 何を 入れますか。1・2・3・4から いちばん いい ものを 一つ えらんで ください。

① きのう、歩き（　）、足が いたいです。
　　1 すぎて　　　2 つづいて　　　3 だして　　　4 はじめて

② 安い パソコンは こわれ（　）って 聞きましたが、だいじょうぶでしょうか。
　　1 すぎる　　　2 だす　　　3 やすい　　　4 にくい

③ A「この カニ、おいしいですね。」
　　B「そうですか。食べ（　）し、わたしは あんまり 好きじゃ ありません。」
　　1 やすい　　　2 にくい　　　3 はじめる　　　4 おわらない

もんだい2　★に 入る ものは どれですか。1・2・3・4から いちばん いい ものを 一つ えらんで ください。

④ 医者「足は どうですか。まだ いたいですか。」
　　患者「そうですね、＿＿＿　＿＿＿　★　＿＿＿ けれど、今は だいじょうぶです。」
　　1 ずっと　　　2 いたくなる　　　3 歩きつづける　　　4 と

⑤ 歌を ＿＿＿　＿＿＿　★　＿＿＿ が 楽しく なりました。」
　　1 毎日　　　2 はじめて　　　3 から　　　4 習い

から

（答えは73ページ）

◇ 理解を 確認する ための 練習問題です。
答えは次の日の右ページ下にあります。

These are practice questions to check your understanding.
Answers are at the bottom of the right-hand page of the next spread.
Bài Luyện tập để kiểm tra mức độ hiểu bài.
Câu trả lời nằm ở dưới trang bên phải của ngày tiếp theo.

もんだい1は正しいものを選ぶ問題です。

For question 1, select the correct answer.
Bài tập 1 là phần lựa chọn câu đúng.

もんだい2は文を正しく組み立てる問題です。

For question 2, arrange the words in the correct order.
Bài tập 2 là phần sắp xếp câu cho đúng.

◇ 左ページ上の問題の答えです。

These are the answers to the questions at the tops of the pages to the left.
Câu trả lời của câu hỏi ở phía trên trang bên trái.

◇ 前の日の「れんしゅう」の答えです。

These are the answers to the previous day's questions.
Câu trả lời của phần "Luyện tập" của ngày hôm trước.

＜読解＞ Reading comprehension
どっかい
Đọc hiểu

◆本書の５週目は「読む練習」をします。
ほんしょ　しゅうめ　　　よ　れんしゅう

During the fifth week, you will practice reading comprehension.
Sẽ "Luyện tập Đọc" ở tuần thứ 5 của sách này.

◇ここから翻訳リストが見られます。
ほんやく　　　　み

You can see lists of translations from here.
Bạn có thể xem danh sách dịch từ đây.

◇文章を理解するためのポ
ぶんしょう　りかい
イントとなる表現や注意
ひょうげん　ちゅうい
点が書いてあります。
てん　か

This section introduces key
expressions to look out for and tips
to understanding sentences.
Có các cách thể hiện và điểm lưu ý
để hiểu đoạn văn.

◇「じゅんびしましょう」は
右ページの「れんしゅう」
みぎ
の文章を理解するための準
ぶんしょう　りかい　　　　じゅん
備練習です。会話文になっ
びれんしゅう　　　かいわぶん
ています。

じゅんびしましょう is a warm-
up exercise to check your
understanding of the passages in
the section marked れんしゅう
on the right-hand page. These are
written in conversational form.
"Hãy chuẩn bị" là phần luyện tập
chuẩn bị để hiểu đoạn văn trong
phần "Luyện tập" ở trang bên phải.
Đây là văn hội thoại.

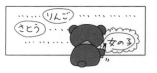

第5週　読む練習をしましょう
1日目　メールやメモを読みましょう

💡重要なことばを見つけましょう！
じゅうよう　　　　　み

Finding the important words! / Hãy tìm các từ quan trọng!

りんご
さとう
女の子
おんな　こ

注意する表現
ちゅういひょうげん

（本などを）・貸す lend / cho mượn　・返す return / trả lại　・借りる borrow / mượn
ほん　　　　　　　か　　　　　　　　　　　　　かえ　　　　　　　　　　　　か

（本などを）・友だちにあげる　・友だちからもらう　・友だちが(私に)くれる
ほん　　　　　　とも　　　　　　　　　　とも　　　　　　　　　　とも　　わたし

依頼表現 Phrases for making requests / cách nói nhờ cậy
いらいひょうげん
・地図をかいてもらえませんか。　・教えていただけませんか。など
ちず　　　　　　　　　　　　　　　おし

にていることば Similar words / từ tương tự
・9時までに来てください。　・9時までいます。など
じ　　　　　き　　　　　　　じ

じゅんびしましょう

つぎの会話文を読んで、あとの文から正しいものを選びましょう。（答えはつぎのページ）
かいわぶん　よ　　　　　　ぶん　　ただ　　　　　　えら　　　　　　こた

リン：トムさん、このあいだ貸した本、持ってきてくれましたか。
か　　ほん　も

トム：すみません。わすれてしまいました。

リン：あさってまでに返してほしいんですが…。
かえ

トム：わかりました。今日の夜、リンさんの家まで持って行きます。
きょう　よる　　　　　　いえ　　も　　い

リン：駅からの道、わかりますか。
えき　　　みち

トム：このあいだは、ゆみさんに連れて行ってもらったので、よくおぼえていな
つ　　い
いんですが…。地図をかいてもらえますか。
ちず

□1　リンさんは、トムさんに本を貸しました。
ほん　か

□2　トムさんは、リンさんに本を借りました。
ほん　か

□3　リンさんは、今日、本がいります。
きょう　ほん

□4　トムさんは、リンさんの家に行ったことがあります。
いえ　い

□5　トムさんは、リンさんの家に行ったことがありません。
いえ　い

82 ■ 読解 Reading

◇「じゅんびしましょう」の会話文を読んだら、正しく理解でき
かいわぶん　よ　　　　　ただ　　りかい
たかチェックをします。答えは右ページの下にあります。
こた　みぎ　　　　した

After you finish reading the conversation in じゅんびしましょう, check if you
have understood it correctly. Answers are at the bottom of the right-hand page.
Sẽ kiểm tra bạn có hiểu đúng sau khi đọc đoạn văn hội thoại trong "Hãy chuẩn bị"
không. Câu trả lời nằm ở dưới trang bên phải.

◆ 1日目〜6日目はヒントとなるような会話文を読んだあとに、いろいろな文章を読みます。
7日目はまとめ問題です。

From Day 1 to Day 6, you will read various types of materials after reading a short conversation that contains useful hints. On Day 7, you will have a review test.
Các bạn sẽ đọc nhiều đoạn văn khác nhau sau khi đã đọc các đoạn văn hội thoại như một sự gợi ý từ ngày thứ nhất~ ngày thứ 6. Ngày thứ 7 là bài tập tổng hợp.

れんしゅう

（答えは別冊 p. 4）

つぎの文章を読んで、質問に答えてください。答えは、1・2・3・4から、いちばんいいものを一つえらんでください。

これは、トムさんからリンさんにとどいたメールです。

> ＜　　　　　∧ ∨
>
> From: トム
> To: リンさん
>
> リンさん
> 今日の夜、借りた本を返しに行くと言いましたが、行けなくなりました。すみません。学校から帰ってきてから体の調子が悪くて、今、ねつがあって、のどもいたいです。
> 明日の朝、弟のジョンに、とどけてもらうことにしました。バイトの前に行くので、10時ごろになるそうですが、リンさんの都合はどうですか。
> トム

これは、リンさんがトムさんに返信した(※1)メールです。

> ＜　　　　　∧ ∨
>
> From: リン
> To: トムさん
>
> トムさん
> だいじょうぶですか。かぜでしょうか。
> 本は、ジョンさんが、とどけてくれるんですね。ありがとうございます。明日の午前中は、11時ごろまで家にいます。このあいだかいた地図ですが、ジョンさんにわたすのをわすれないでください。
> トムさん、ゆっくり休んでください。お大事に。
> リン

（※1）返信する　reply / trả lời, hồi âm

① 明日の午前中、リンさんはどうしますか。

　1　ジョンさんに、本を貸してもらいます。

　2　ジョンさんに、本をわたします。

　3　ジョンさんから、本を受け取ります。

　4　ジョンさんに、本を返してあげます。

（左ページの答え→1・2・4）

第五週

◇メールやお知らせ、少し長い文章など、いろいろな文章を読んで問題に答えます。

Read various materials, ranging from e-mails and notices to rather longer passages, then answer the questions.
Bạn sẽ đọc các đoạn văn khác nhau như e-mail, thông báo, đoạn văn hơi dài một chút và trả lời câu hỏi.

◇練習問題の答えは別冊にあります。

Answers to the practice questions can be found in the removable booklet.
Câu trả lời của bài Luyện tập nằm ở Phụ lục.

◇左ページの答えです。

Answers to the questions on the left-hand pages.
Câu trả lời của trang bên trái.

Đọc hiểu 読解 ■83

11

◆本書の６週目は「聞く練習」をします。
ほんしょ しゅうめ   き れんしゅう

During the sixth week, you will practice listening comprehension.
Sẽ "Luyện tập Nghe" ở tuần thứ 6 của sách này.

◇ここから翻訳リストが見られます。
ほんやく   み

You can see lists of translations from here.
Bạn có thể xem danh sách dịch từ đây.

◇このページの重要ポイン
じゅうよう
トです。

The main point of this page is
presented here.
Điểm quan trọng của trang này.

◇問題がどんな流れで提示さ
もんだい   なが   ていじ
れるかが書いてあります。
か

This section introduces the flow of
questions.
Có viết câu hỏi được trình bày theo
trình tự thế nào.

◇流れに沿って例題を解いて
なが そ   れいだい と
みましょう。答えをマーク
こた
したら、スクリプトを読ん
よ
で、理解できたかチェック
りかい
をします。

Follow along and try to answer the
example question. After filling in
your answer, read through the script
to check your comprehension.
Hãy giải các câu hỏi ví dụ theo
trình tự. Sau khi đánh dấu câu trả
lời, đọc phần script (nội dung bài
nghe) và kiểm tra xem có hiểu
được không.

第6週　聞く練習をしましょう

3日目 どれですか ―課題理解―
かだいりかい

💡問題を聞く前に、イラストや文字を見ておきましょう！
もんだい き まえ   もじ み

Before listening to the question, be sure to look at the images or text!
Trước khi nghe câu hỏi, hãy xem tranh vẽ và chữ trước!

選択肢は短いから
せんたくし みじか
すぐに読めるよ。
よ

問題の流れ
もんだい なが

問題用紙に選択肢がイラストか文字で印刷されています。
もんだいようし せんたくし   もじ いんさつ
The multiple-choice answers are printed as images or text on the question sheet.
Trong phần câu hỏi, có in các lựa chọn là tranh vẽ hay chữ.

| 説明と
せつめい
質問を
しつもん
聞きます
き | → | 話を
はなし
聞きます
き | → | もう一度
いちど
質問を
しつもん
聞きます
き | → | 答えを
こた
選びます
えら |

例をやってみましょう
れい

①１から４を　読んで　おきましょう。
よ

１	びょういんに　行く
２	びょういんに　電話する
３	くすりを　買ってくる
４	あさごはんを　食べる

☆選択肢から、だれかの体の具合が悪い、というこ
せんたくし   からだ ぐあい わる
とがわかりますね。
From the multiple-choice answers, you can tell that
someone is unwell. / Từ các lựa chọn, bạn có biết là
có ai đang không khỏe đúng không?

②説明と　質問と　話を　聞いて、１から４の　中から、いちばん　いいものを
せつめい しつもん はなし き   なか
一つ　選んで　ください。
ひと えら

🔊 No.09 ① ② ③ ④

③スクリプトを　読みながら　確認しましょう。
よ   かくにん
Check and confirm while reading the script. / Hãy vừa đọc nội dung bài nghe vừa kiểm tra.

男の人と女の人が話しています。女の人は、これから何をしますか。
おとこ ひと おんな ひと はな   おんな ひと   なに

男：まだ頭がいたいんだ。きのう飲んだ薬、きかないし。
おとこ あたま   の くすり
女：そう…。病院へ行ったほうがいいかも。電話してみて…。あ、今日は休みの日ね。
おんな   びょういん い   でんわ   きょう やす ひ
男：じゃ、悪いけれど、別の薬を買ってきてくれない？
おとこ わる   べつ くすり か
女：わかった。朝ご飯作ってあるから、食べておいてね。
おんな   あさ はんつく   た

女の人は、これから何をしますか。
おんな ひと   なに

☆答え：３番　・女の人は、この会話の前に、朝ご飯を作りました。
こた   ばん おんな ひと   かいわ まえ あさ はん つく

12

◆ 1日目、2日目は準備練習で、問題はありません。1日目は音声を聞きながら発音などを確認します。2日目は選択肢のタイプなどを学びます。3日目から6日目は日本語能力試験（聴解）の問題形式別の練習をします。7日目はまとめ問題です。

Day 1 and Day 2 are designated for warm-up exercises only, so there will be no questions. On Day 1, you will listen to the audio and work on things like pronunciation. On Day 2, you will learn about things like the different types of multiple-choice answers. From Day 3 to Day 6, you will do a variety of exercises that correspond to the patterns of questions on the JLPT listening section. On Day 7, you will have a review test.

Các bạn sẽ luyện tập chuẩn bị ở ngày thứ nhất, ngày thứ 2, nên không có bài tập. Ngày thứ nhất, bạn vừa nghe giọng nói vừa kiểm tra phát âm v.v. Ngày thứ 2 sẽ học các kiểu lựa chọn v.v. Từ ngày thứ 3 đến ngày thứ 6 sẽ luyện tập các hình thức câu hỏi riêng biệt của Kỳ thi Năng lực Nhật ngữ (môn Nghe hiểu). Ngày thứ 7 là bài tập tổng hợp.

注意しましょう

★選択肢がイラストの場合、いろいろなパターンがあります。

When the multiple-choice answers are images, there are a few patterns that are used. / Trường hợp lựa chọn là tranh vẽ thì có nhiều kiểu khác nhau.

○イラストが4つある場合

When there are four images / Trường hợp có 4 tranh vẽ

○1つのイラストに複数の物がかかれている場合

When there are multiple things drawn into one image / Trường hợp 1 tranh vẽ có nhiều thứ được vẽ trong đó

○答えにイラストを2つ選ぶ場合

When two images must be chosen for the answer / Trường hợp chọn 2 tranh để trả lời

◇注意すべき表現や、解くときのポイントが書いてあります。

This section introduces tips on how to answer the questions and common traps that appear.
Các cách thể hiện cần lưu ý và các điểm khi giải bài.

れんしゅう

（答えは別冊 p.5）

このもんだいでは、まずしつもんを聞いてください。それから話を聞いて、1から4の中から、いちばんいいものを一つえらんでください。

◀)) No.10　1ばん　① ② ③ ④

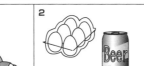

話の後半部分に注意して聞きましょう。

Listen carefully to the second half of the speech. / Hãy chú ý lắng nghe phần sau của câu chuyện.

第六週

◇練習問題の答えは別冊にあります。

Answers to the practice questions can be found in the removable booklet.
Câu trả lời của bài Luyện tập nằm ở Phụ lục.

2ばん　① ② ③ ④

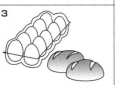 

1　3がいの　Aきょうしつ
2　3がいの　Bきょうしつ
3　5かいの　Aきょうしつ
4　5かいの　Bきょうしつ

メモを取りながら聞きましょう。

Listen while taking notes. / Hãy vừa nghe vừa viết ghi chú lại.

この本で使われている文法のことば

Grammar terms used in this book
Những từ vựng ngữ pháp được dùng trong quyển sách này

動詞 （どうし） verb / Động từ

V-u	グループ１の動詞（どうし）	-u verb Động từ đuôi "u"	ex. 行（い）く、読（よ）む、書（か）く　　など
V-ru	グループ２の動詞（どうし）	-ru verb Động từ đuôi "ru"	ex. 見（み）る、寝（ね）る、食（た）べる　　など
V-irr	グループ３の動詞（どうし）	irregular verb Động từ bất quy tắc	する、来（く）る

	活用形（かつようけい）	conjugation Chia động từ	V-u	V-ru	V-irr	
Vる	辞書形（じしょけい）	dictionary form Thể từ điển	いく	みる	する	くる
Vない	ない形（けい）	negative form Thể "nai"	いかない	みない	しない	こない
V~~ます~~	ます形（けい）	masu form Thể "masu"	いき	み	し	き
Vて	て形（けい）	te form Thể "te"	いって	みて	して	きて
Vた	た形（けい）	ta form Thể "ta"	いった	みた	した	きた
Vば	ば形（けい）	ba form Thể "ba"	いけば	みれば	すれば	くれば
Vよう	意向形（いこうけい）	volitional form Thể ý chí	いこう	みよう	しよう	こよう
Vれる	可能形（かのうけい）	potential form Thể khả năng	いける	みられる	できる	こられる
Vられる	受身形（うけみけい）	passive form Thể thụ động	いかれる	みられる	される	こられる
Vさせる	使役形（しえきけい）	causative form Thể sai khiến	いかせる	みさせる	させる	こさせる
命令形（めいれいけい）	命令形（めいれいけい）	imperative Thể mệnh lệnh	いけ	みろ	しろ	こい

＊普通形（ふつうけい）：辞書形（じしょけい）／ ない形（けい）／ た形（けい）　ex. いく／いかない／いった／いかなかった

名詞 （めいし） noun / Danh từ

	活用形（かつようけい）	conjugation Chia động từ	名詞（めいし）
Nだ	辞書形（じしょけい）	dictionary form Thể từ điển	あめだ
Nでない	ない形（けい）	negative form Thể "nai"	あめじゃない／あめではない
Nで	て形（けい）	te form Thể "te"	あめで
Nだった	た形（けい）	ta form Thể "ta"	あめだった
Nなら	ば形（けい）	ba form Thể "ba"	あめなら

い形容詞（けいようし）　*i* adjective / Hình dung từ (Tính từ) loại I

	活用形（かつようけい）	conjugation Chia động từ	い形容詞（けいようし）	
i-A **い**	辞書形（じしょけい）	dictionary form Thể từ điển	たかい	いい
i-A **くない**	ない形（けい）	negative form Thể "*nai*"	たかくない	よくない
i-A **くて**	て形（けい）	*te* form Thể "*te*"	たかくて	よくて
i-A **かった**	た形（けい）	*ta* form Thể "*ta*"	たかかった	よかった
i-A **ければ**	ば形（けい）	*ba* form Thể "*ba*"	たかければ	よければ
普通形（ふつうけい）：辞書形（じしょけい）/ ない形（けい）/ た形（けい） ex. たかい / たかくない / たかかった / たかくなかった				

な形容詞（けいようし）　*na* adjective / Hình dung từ (Tính từ) loại Na

	活用形（かつようけい）	conjugation Chia động từ	な形容詞（けいようし）
na-A **だ**	辞書形（じしょけい）	dictionary form Thể từ điển	ひまだ
na-A **でない**	ない形（けい）	negative form Thể "*nai*"	ひまじゃない / ひまではない
na-A **で**	て形（けい）	*te* form Thể "*te*"	ひまで
na-A **だった**	た形（けい）	*ta* form Thể "*ta*"	ひまだった
na-A **なら**	ば形（けい）	*ba* form Thể "*ba*"	ひまなら
普通形（ふつうけい）：辞書形（じしょけい）/ ない形（けい）/ た形（けい） ex. ひまだ / ひまじゃない / ひまだった / ひまじゃなかった			

文法を勉強しましょう①

Let's study grammar. ① / Hãy học ngữ pháp ①

1日目　一日に 二回、歯を みがきます。

おぼえましょう

兄は 日本の トヨタに つとめています。
My older brother works at Toyota in Japan.
Anh trai tôi làm việc ở (hãng) Toyota của Nhật.

～で	～に

- 兄は 日本で 働いて います。　＊日本に 働く

～から

- ぶどうから ワインを 作ります。

～に

- 1日に 3回、この 薬を 飲んで います。
This expresses a ratio of occurrences to span of time. / Thể hiện tỉ lệ. （割合を表す。）

～も

- 私は ひらがなも 書けません。
This expresses an extreme example. / Thể hiện ví dụ điển hình cực đoan. （極端な例を表す。）

～ずつ

- この プリントを 1枚ずつ 配って ください。
Please hand out one of these printouts to each person. / Hãy phát bài in này từng tờ một.
This expresses a rationing of things. / Thể hiện sự phân chia. （割り当てを表す。）

- この 本を 毎日 2ページずつ 勉強しましょう。
Study two pages of this book every day. / Hãy học quyển sách này từng 2 trang mỗi ngày.
This expresses a repetition of the same action. / Thể hiện sự lặp lại. （繰り返しを表す。）

今週は 先週ほど いそがしく ありません。
I'm not as busy this week as I was last week.
Tuần này không bận rộn như tuần trước.

N_1 は N_2 ほど～ ない

N_1 is not as ~ as N_2 / N_1 không ~ như N_2.　＝ N_1 より N_2の ほうが ～

- 日本では ぶた肉は 牛肉ほど 高く ありません。（＝ぶた肉より 牛肉の ほうが 高いです。）
- 私の 国の 夏は 日本の 夏ほど 暑く ない。（＝私の 国の 夏より 日本の 夏の ほうが 暑い。）

※「N_1 も～ですが、N_2 ほどではない／じゃない」の 形も 使う。

- 今週も いそがしい ですが、先週ほどでは ありません。

東京には 大きい 公園が たくさん あります。
There are many large parks in Tokyo. / Ở Tokyo có nhiều công viên rộng lớn.

Using ~ particle + は／も expresses emphasis or a comparison. / Thể hiện sự nhấn mạnh hay so sánh bằng "~ trợ từ + は／も". （「～助詞＋は／も」で強調や比較を表す。）

- この 子は 家では うるさいですが、外では おとなしいです。
- たんじょう日に 父からも 母からも プレゼントを もらいました。

これは 姉に もらった バッグ です。

This is the bag I got from my older sister.
Đây là cái túi chị tôi cho tôi.

Descriptions of nouns are placed before the noun. / Phần giải thích cho danh từ thì đặt trước danh từ đó.
（名詞の説明は、その名詞の前に置く。）

- この 近くに **安くて おいしい** レストラン が ありますか。
- きのう **クラスで 使う** 本 を 買いに 行きました。
- **フランス語が 話せる** 友だち が います。
- あそこの **青い セーターを 着た 背の 高い** 男の人 は だれですか。

れんしゅう

もんだい１ （　）に 何を 入れますか。１・２・３・４から いちばん いい ものを
一つ えらんで ください。

① 日本酒は 米（　）作られます。　　　　　　　　＊日本酒 Japanese sake / rượu Nhật

　　１　から　　　　　２　にから　　　　３　からで　　　４　からも

② スーパーで、りんごと みかんを 一つ（　）買いました。

　　１　も　　　　　　２　ほど　　　　　３　ずつ　　　　４　くらい

③ わたしは １週間（　）３回、ジムに 通って います。
　　　　　　　　　　　　　　　　　　　　　　　　　　　＊ジム sports gym / phòng tập gym

　　１　は　　　　　　２　も　　　　　　３　で　　　　　４　に

もんだい２　＿＿★＿＿に 入る ものは どれですか。１・２・３・４から いちばん いい
ものを 一つ えらんで ください。

④ 山田「田中さん、その バッグ、すてきですね。どこで 買いましたか。」

　　田中「＿＿＿＿ ＿＿＿＿ ＿★＿ ＿＿＿＿ですが、ハワイに 行った ときに、

　　　　買いました。」

　　１　作られた　　　２　もの　　　　３　で　　　　　４　日本

⑤ Ａ「今日も 寒いですね。」

　　Ｂ「そうですね。でも、＿＿＿＿ ＿＿＿＿ ＿★＿ ＿＿＿＿ですよ。」

　　１　ない　　　　　２　では　　　　３　ほど　　　　４　きのう

ほど

（答えは 21 ページ）

2日目　漢字は 少ししか 書けません。
かんじ　　すこ　　　　　か

Q. （　）に入るのは？
はい
これは、こども（　　）
できる問題です。
もんだい

でも　　しか　　とか

ぼくは
できない…

おぼえましょう

これは **日本人でも** 読めない 漢字です。
にほんじん　　よ　　　　　かんじ

This is a kanji that even Japanese people can't read. / Đây là Hán tự (mà) ngay cả người Nhật cũng không đọc được.

N でも

① N represents an extreme example. / N thể hiện ví dụ điển hình cực đoan （N は極端な例。）

• これは 子ども**でも** できる 問題です。
こ　　　　　　　　もんだい

② N is an example of something. / N thể hiện điều gì đó như một ví dụ. （N は何かの例。）

• お茶**でも** 飲みましょうか。　　　• 天気が いいから、散歩**でも** しませんか。
ちゃ　　の　　　　　　　　　　てんき　　　　　さんぽ

N で　　N expresses many different meanings. / N thể hiện nhiều ý nghĩa khác nhau. （N はいろいろな意味。）

procedure or method / phương tiện và phương pháp （手段や方法）	• 電車**で** 行きます。　　• はさみ**で** 切ります。 でんしゃ　い　　　　　　　　き
Range / phạm vi （範囲）	• 富士山は 日本**で** いちばん 高い 山です。 ふじさん　にほん　　　　　　たか　やま • この りんごは 3個**で** 500円です。 こ　　　　　えん
Reason / lý do （理由）	• かぜ**で** 学校を 休みました。 がっこう　やす • 父は 仕事**で** アメリカに 行って います。 ちち　しごと　　　　　　　　い
Material / vật liệu （材料）	• これは、紙**で** 作った にんぎょうです。 かみ　つく

N も　　N is time or a quantity of something. / N thể hiện thời gian và số lượng. （N は時間や数量。）

① This expresses that something is plentiful. / Thể hiện nghĩa "nhiều". （多いという意味を表す。）

• 学校まで 2時間**も** かかります。　　• ビールを 3本**も** 飲みました。
がっこう　　じかん　　　　　　　　　　　ほん　　の

② In a negative sentence, this expresses that something is scarce or there is none at all. / Trong câu phủ định, thể hiện nghĩa "ít" hay "không". （否定文で、少ないという意味やゼロを表す。）

• パーティーには 10人**も** 来ませんでした。
にん　　き

• 私は スカートを 1枚**も** 持って いません。
わたし　　　　　　　　まい　　も

N₁ とか N₂（とか）　　N₁ or N₂ (or~) / chẳng hạn N₁, (hay là) N₂

• 毎日、昼は ラーメン**とか** そば**とか**を 食べます。
まいにち　ひる　　　　　　　　　　　　た

私の クラスに 男の人は 二人しか いません。

There are only two men in my class. / Ở lớp tôi chỉ có hai người nam.

N しか〜ない　only N and no other ~ / chỉ ~ N

- ジョンさんは 英語しか 話せません。
- れいぞうこに、たまごが 1個しか ありません。

れんしゅう

もんだい1　（　）に 何を 入れますか。1・2・3・4から いちばん いい ものを 一つ えらんで ください。

① あしたの 宿題の レポートが まだ 1枚（　）できて いません。

　1　も　　　　　　2　ずつ　　　　　3　でも　　　　　4　とか

② 山田「これ、おいしいですね。田中さんが 作りましたか。」

　田中「はい、わたし（　）作れるので かんたんでしたよ。」

　1　だけ　　　　　2　くらい　　　　3　しか　　　　　4　でも

③ A「あしたは 休みですね。何を しますか。」

　B「そうじ（　）せんたく（　）を する つもりです。」

　1　も／も　　　　2　や／や　　　　3　でも／でも　　4　とか／とか

もんだい2　＿★＿に 入る ものは どれですか。1・2・3・4から いちばん いい ものを 一つ えらんで ください。

④ 子ども「お母さん、今日は、すきやきが 食べたい。」

　母親「お肉は あるけれど、たまご＿＿＿＿ ＿＿＿＿ ＿★＿ ＿＿＿＿から、

　　あしたね。」

　1　しか　　　　　2　が　　　　　　3　ない　　　　　4　ひとつ

⑤ 今年の 夏休みは ＿＿＿＿ ＿＿＿＿ ＿★＿ ＿＿＿＿ しようと 思って います。

　1　でも　　　　　2　旅行　　　　　3　どこか　　　　4　へ

（答えは 23 ページ）

19 ページの答え：①1　②3　③4　④4→3→★1→2　⑤4→3→★2→1

3日目　9時までに 来て ください。

おぼえましょう

私は 日本に 来るまで フランスに 住んで いました。

Until I came to Japan, I was living in France. / Tôi đã sống ở Pháp cho đến khi đến Nhật.

| ～まで | until ～ / cho đến khi ～ |

- 来週の 水曜日まで 会社を 休みます。
- 母は 夜 おそくまで 働いて います。
- 仕事が 終わるまで、ここで 待って いて ください。

| ～までに | by ～ / cho đến ～ |

- レポートは 15日までに 出して ください。
- 私は 30さいに なるまでに 結婚したいです。

休みの 日は DVDを 見たり 本を 読んだり して います。

On my days off, I do things like watching DVDs and reading books. / Ngày nghỉ (khi thì) tôi xem DVD hay (khi thì) đọc sách.

| ～たり（～たり） | This is used when listing two or more examples from a larger group of actions or when showing that something is occuring repeatedly. / Thể hiện ví dụ trong một số các hành vi hoặc sự việc xảy ra có tính lặp lại. (いくつかの行為の中から例を表したり、繰り返し起こることを表す。) |

- 夏休みは 旅行したり テニスを したり して いました。
- 休みの 日は DVDを 見たり して います。
- 雨が 降ったり やんだり して います。
- このごろ、暑かったり 寒かったり して います。

この レストランは おいしいし、安いです。

This restaurant has great food and is inexpensive. / Nhà hàng này vừa ngon lại vừa rẻ.

| ～し、（～し、）～ | This is used to express multiple reasons or repeat similar things. / Thể hiện nhiều lý do hay nói lặp lại những việc giống nhau. (複数の理由を表したり、同じようなことを繰り返して言う。) |

- のども かわいたし、おなかも すいたし、少し 休みたいです。
- きのうの ハイキングは 天気も よかったし、楽しかったです。

弟は ゲームばかり して います。

My younger brother does nothing but play games.
Em trai tôi toàn chơi game.

| N ばかり | There is a large amount of N. / Thể hiện việc N rất nhiều。（N がとても多いということを表す。）

- 父は このごろ お酒ばかり 飲んで います。　＊お酒だけ
- あの 人の 話は、うそばかりだ。　＊うそだけ

※ This expresses that there is 100 percent nothing but N. / "N だけ" thể hiện ý nghĩa 100% N.（「N だけ」は N が 100 パーセントであるという意味を表す。）

れんしゅう

もんだい１ （　）に 何を 入れますか。１・２・３・４から いちばん いい ものを 一つ えらんで ください。

① わたしの アパートは 駅から 遠い（　）、へやも せまいです。

　　1　と　　　　　2　し　　　　　3　から　　　　　4　たり

② A「また 太っちゃった…。」

　　B「あまい もの（　）食べて いる からだよ。」

　　1　ばかり　　　2　しか　　　　3　だけ　　　　4　まで

③ 今日は 8時（　）うちに 帰りたいです。

　　1　まで　　　　2　までに　　　3　から　　　　4　からで

もんだい２　★　に 入る ものは どれですか。１・２・３・４から いちばん いい ものを 一つ えらんで ください。

④　母親「さあ、もう 寝なさい。」

　　子ども「この ＿＿＿ ＿＿＿ ＿★＿ ＿＿＿ちょっと まって。」

　　1　終わる　　　2　もう　　　3　ゲームが　　4　まで

⑤ A「新しい 先生は どうですか。」

　　B「きれい＿＿＿ ＿＿＿ ＿★＿ ＿＿＿です。」

　　1　大好き　　　2　し　　　　3　だし　　　　4　やさしい

（答えは 25 ページ）

21ページの答え：①1　②4　③4　④2→4→★1→3　⑤3→4→★2→1

4日目 今、勉強して いる ところです。

おぼえましょう

今、授業が 終わった ところです。
Class has just now ended.
Bây giờ, giờ học mới vừa kết thúc.

| Ｖる ところ |
This expresses the point just before a verb happens. / Thể hiện ý ngay trước khi bắt đầu động tác. (動作が始まる直前であることを表す。)

・今から 家を **出る** ところです。

| Ｖて いる ところ |
This expresses that a verb is currently happening. / Thể hiện ý ngay khi đang tiến hành động tác. (動作が進行中であることを表す。)

・今、料理を **作って** いる ところです。

| Ｖた ところ |
This expresses that a verb has just ended. / Thể hiện ý động tác đã kết thúc. (動作が終わったことを表す。)

・今、お昼ご飯を **食べた** ところです。

買い物に 行って いる 間に、友だちが 来ました。
While I was out shopping, a friend of mine came by. / Trong lúc (thời gian) tôi đang đi mua sắm, bạn tôi đã đến.

| Ｎの 間に | Ｖて いる 間に |
During N/ While doing V / Trong lúc N/ trong lúc đang (làm) V

・夏休みの 間に ヨーロッパへ 旅行を する 予定です。
・映画を 見て いる 間に、寝て しまいました。

寝るとき、パジャマを 着ます。
When I go to bed, I put on my pajamas.
Khi đi ngủ, tôi mặc đồ bộ.

| Ｖ₁る とき(に)、Ｖ₂ |　＊Ｖ₁する前にＶ₂する

・私は、本を **読む** とき、めがねを かけます。

| Ｖ₁た とき(に)、Ｖ₂ |　＊Ｖ₁したあとでＶ₂する

・東京に **行った** ときに、友だちに 会う 予定です。

田中さんは　今、電話中です。

Tanaka-san is on the phone now.
Bây giờ, anh / chị Tanaka đang nói điện thoại.

N 中　This expresses that an action is continuing. / Thể hiện ý động tác đang tiếp diễn.
（動作が続いていることを表す。）

- 社長は　今、会議中です。（＝会議を　して　いる　ところ）
- 食事中は　テレビを　消しましょう。（＝食事して　いる　間）

※ Expressions like "in the morning", "during the day" and "during the year" refer to a period of time. Be careful of the pronunciation of " 中 (chu)." / " 午前中 ", " 今日中 ", " 今年中 " v.v. thể hiện khoảng thời gian. Lưu ý cách đọc của " 中 ". (「午前中」「今日中」「今年中」などは、期間を表す。「中」の読み方に注意。)

れんしゅう

もんだい１ （　）に　何を　入れますか。１・２・３・４から　いちばん　いい　ものを　一つ　えらんで　ください。

① トイレに　行って　いる　（　）に、電車が　行って　しまった。

　　１　なか　　　　　２　あいだ　　　　　３　ところ　　　　　４　まで

② A「すみません、おそく　なって。ずいぶん　待ちましたか。」

　　B「いいえ、わたしも　今　（　）ところです。」

　　１　来る　　　　　２　来ている　　　　３　来て　　　　　４　来た

③ 山田「もしもし、こちら、山田ですが、スミスさん、おねがいします。」

　　田中「すみません。スミスは　今、会議（　）です。」

　　１　あいだ　　　　２　ちゅう　　　　　３　なか　　　　　４　じゅう

もんだい２ ＿★＿に　入る　ものは　どれですか。１・２・３・４から　いちばん　いい　ものを　一つ　えらんで　ください。

④ A「ケーキ、食べる？」

　　B「今、＿＿＿＿　＿＿＿＿　＿★＿　＿＿＿＿、あとで　食べるよ。」

　　１　だから　　２　おなかがいっぱい　　３　ところで　　　４　ご飯を食べた

⑤ A「それは、どこで　買いましたか。」

　　B「きょねん、＿＿＿＿　＿＿＿＿　＿★＿　＿＿＿＿ものです。」

　　１　イタリアに　　　２　買った　　　　　３　行った　　　　　４　ときに

（答えは 27 ページ）

ところ

23 ページの答え：①2　②1　③2　④3→1→★4→2　⑤3→4→★2→1

5日目　音楽を 聞きながら 勉強して います。

Q. （　）に入るのは？
（　　　）、
勉強できない。

うるさいが

うるさくて

うるさくし

ぼくは 勉強したくない！

おぼえましょう

かぜを ひいて、学校を 休みました。

I caught a cold and took time off from school.
Vì bị cảm nên tôi đã nghỉ học.

～て…	～で…

① "～" expresses the cause or reason. / Phần "～" thể hiện nguyên nhân hay lý do. (「～」は原因や理由を表す。)

- かぜで 学校を 休みました。
- この カレーは からくて 食べられません。
- お金が なくて、買えない。
- ひさしぶりに 友だちに 会えて、うれしかったです。

※ A phrase expressing a request or desire should NOT be used in place of "...". / Trong "....", không có câu thể hiện sự nhờ cậy hay kỳ vọng. (「…」には、依頼や希望などを表す文は来ない。)

- 暑くて、まどを 開けて ください。　　**OK** 暑いから／暑いので

② "～" expresses a condition or procedure. / "～" thể hiện trạng thái hay phương tiện. (「～」は状態や手段を表す。)

- いすに すわって 話しましょう。
- えんぴつを 使って 書いて ください。
- 朝ご飯を 食べないで、学校へ 行きました。
- 辞書を 使わないで、日本語の 本を 読みます。

まどを 開けたまま 寝ました。

I left the window open and went to sleep.
Tôi đã để mở nguyên cửa sổ mà ngủ.

～まま…

This means that something happens as yet another condition remains unchanged. / Thể hiện ý nghĩa "tình trạng ~ không thay đổi mà làm ….." (「～という状態が変わらず…する」という意味を表す。)

- 父は めがねを かけたまま 寝ました。
- ぼうしを かぶったまま、部屋に 入っては いけません。
- うちの 子は、パジャマのまま、出かけて しまいました。

私は 音楽を 聞きながら 勉強します。

I study while listening to music. / Tôi vừa học vừa nghe nhạc.

| V ながら… | While doing V / vừa V vừa…… | ＊ V ~~ます~~ながら |

- 私は いつも ご飯を 食べながら、テレビを 見て います。
- 田中さんの 息子さんは、働きながら 大学に 行って います。
- お茶を 飲みながら 話しましょう。

れんしゅう

もんだい1 （　）に 何を 入れますか。1・2・3・4から いちばん いい ものを 一つ えらんで ください。

① 足が いたく（　）、もう 歩けません。

　　1　で　　　　　　2　て　　　　　　3　し　　　　　　4　から

② A「あ、メールが 来た。」

　　B「ダメだよ。運転（　）、スマホを 見るのは。」

　　＊スマホ smartphone / điện thoại thông minh (viết tắt)

　　1　しながら　　　2　するながら　　3　したまま　　4　しまま

③ A「試験、できた?」

　　B「ううん、きのう 寝（　）勉強したのに できなかったよ。」

　　1　なしで　　　　2　ないまま　　　3　なくて　　　　4　ないで

もんだい2 ＿★＿に 入る ものは どれですか。1・2・3・4から いちばん いい ものを 一つ えらんで ください。

④ A「タクシーで 行けば、間に合うでしょうか。」

　　B「この へんは ＿＿＿ ＿＿＿ ＿★＿ ＿＿＿ 行きましょう。」

　　1　走って　　　　2　少ない　　　　3　タクシーも　　4　から

⑤ Tシャツなどの ＿＿＿ ＿＿＿ ＿★＿ ＿＿＿ 入らないで ください。

　　1　着た　　　　　2　まま　　　　　3　服を　　　　　4　プールに

うるさくて

（答えは 29 ページ）

25 ページの答え：①2　②4　③2　④4→3→★2→1　⑤1→3→★4→2

6日目　雪を 見た ことが ありません。

おぼえましょう

私は アフリカに 行った ことが あります。

I have been to Africa. / Tôi từng đi châu Phi.

| Ｖた ことが ある | This expresses past experiences. / Thể hiện kinh nghiệm trong quá khứ.（過去の経験を表す。） |

- 私は マラソン大会に 出た ことが あります。
- 私は 一度も ミュージカルを 見た ことが ありません。

| Ｖる／ない ことが ある | This expresses that something occasionally occurs. / Thể hiện việc có đôi khi.（ときどきあるということを表す。） |

- うちの 犬は 夜中に ほえる ことが あって、困ります。
- 私は 昼ご飯を 食べない ことが あります。

毎朝、30分 散歩する ことに して います。

I make a habit of going for a walk every morning for 30 minutes. / Tôi có thói quen đi bộ 30 phút mỗi sáng.

| Ｎに する |
| Ｖる／ない ことに する |

This expresses something that one has decided upon oneself. " して います " expresses that something is habitual. / Thể hiện việc tự mình chọn và quyết định. " して います " thể hiện thói quen. （自分で選んで決めることを表す。「して います」は、習慣にしていることを表す。）

- ＜レストランで＞私は Ａランチに します。
- これから、ダイエットする ことに します。
- 毎日、牛乳を 飲む ことに して います。
- 今年の 夏は、国に 帰らない ことに します。

| Ｎに なる |
| Ｖる／ない ことに なる |

This expresses that something is going to be decided. / Thể hiện việc gì đó được quyết định. （あることが決まることを表す。）

- 明日 雨なら、ハイキングは 中止に なります。　　　　＊中止 cancellation / hủy bỏ
- 来月、イギリスへ 出張する ことに なりました。　　　＊出張 business trip / công tác
- 来月、アメリカに 出張する 予定でしたが、行かない ことに なりました。

テレビの 音を 小さく して ください。

Please turn down the TV. / Vui lòng vặn nhỏ tiếng tivi lại.

i-A く／na-A に する／なる

" する (to do)" expresses a condition being changed willfully by someone, while " なる (become)" expresses something that changes naturally. / " する " là việc thay đổi trạng thái bằng ý chí của con người, " なる " thể hiện sự thay đổi mang tính tự nhiên. (「する」は人の意志で状態を変えること、「なる」は自然な変化を表す。)

- もらった 時計、**大切に します。** ・ 母が なくなって、**さびしく なりました。**
- 大きい 道路が できて、この 辺も **静かじゃなく なりました。**

れんしゅう

もんだい１ （　）に 何を 入れますか。１・２・３・４から いちばん いい ものを 一つ えらんで ください。

① この パソコンは ときどき フリーズする こと（　　）。

＊フリーズする freeze / đông lạnh

　　1　にあります　　2　があります　　3　にします　　4　になります

② わたしは、夜は コーヒーや お茶を 飲まない こと（　　）。

　　1　になります　　2　はしていません　　3　になっています　　4　にしています

③ A「ここの ランチ、どれでも おいしいですよ。」

　　B「そうですか。じゃ、わたしは ハンバーグランチ（　　）します。」

＊ハンバーグ hamburger steak / thịt chiên hăm-bơ-gơ

　　1　を　　　　　　2　に　　　　　　3　で　　　　　　4　も

もんだい２ ＿★＿に 入る ものは どれですか。１・２・３・４から いちばん いい ものを 一つ えらんで ください。

④ A「お母さま、お元気ですか。」

　　B「それが、1年くらい前＿＿＿ ＿＿＿ ＿★＿ ＿＿＿ なくなりました。」

　　1　では　　　　　　2　から　　　　　　3　元気　　　　　　4　あまり

⑤ 　母親「おべんとう、急いで 作るから、待ってて。」

　　子ども「ちこく＿＿＿ ＿＿＿ ＿★＿ ＿＿＿。」

　　1　早く　　　　　　2　しちゃう　　　　　　3　から　　　　　　4　して

にします

（答えは 32 ページ）

27 ページの答え：①2　②1　③4　④3→2→★4→1　⑤3→1→★2→4

7日目　まとめ問題

Review Test /
Bài tập tổng hợp

時間：20分

点数
／100

（答えは別冊 p. 2）

もんだい1　（　　）に　何を　入れますか。1・2・3・4から　いちばん　いい
　　　　　ものを　一つ　えらんで　ください。　　　　　　5点×10問

1 　わたしの　母は、外国人に　日本語を　教える　学校（　　）　働いて　います。

　　1　に　　　　　　　2　で　　　　　　　3　へ　　　　　　　4　まで

2 　レポートを　1枚　書くのに、3時間（　　）　かかって　しまった。
　　たいへんだった。

　　1　も　　　　　　　2　しか　　　　　　3　より　　　　　　4　だけ

3 　この　部屋に　入る　（　　）　スリッパを　ぬいで　ください。

　　1　ところに　　　　2　あいだに　　　　3　ままで　　　　　4　ときは

4 　きのう、まどを　（　　）　寝て　しまった。

　　1　開けながら　　　　　　　　　　　2　開けたりして

　　3　開けたまま　　　　　　　　　　　4　開けているときに

5 　A「これ、おみやげです。みんなで　食べて　ください。」

　　B「ありがとう。じゃ、一人　2個（　　）　もらいましょう。」

　　1　しか　　　　　　2　ずつ　　　　　　3　でも　　　　　　4　より

6 　山田「中村さんの　家、大きいそうですね。」

　　田中「そうですね。でも、山田さんの　家（　　）　大きく　ありませんよ。」

　　1　ほど　　　　　　2　とか　　　　　　3　でも　　　　　　4　のほうが

7 　A「今度、映画にでも　行きませんか。」

　　B「来月、引っこし（　　）、ちょっと　いそがしくて…。」

　　1　することになって　　　　　　　　2　することがあって

　　3　したところだから　　　　　　　　4　したときだから

8 母の　病気が　心配（　　）、このごろ　よく　寝られません。

1　から　　　　　　2　し　　　　　　　3　で　　　　　　　4　ばかり

9 A「ジョンさん、このごろ、学校に　来ないね。」

B「うん、メールしたんだけれど、返事が（　　）、ちょっと　心配ね。」

1　来ないまま　　　2　来ないで　　　　3　来なかったり　　4　来ないし

10 A「トムさんって　どんな　人ですか。」

B「わたしは　トムさんと（　　）ので、よく　わからないです。」

1　話さないことがある　　　　　　　　2　話すことにしている

3　話したことがない　　　　　　　　　4　話すことになっていない

もんだい2　＿＿★＿＿　に　入る　ものは　どれですか。1・2・3・4から　いちばん
いい　ものを　一つ　えらんで　ください。　　　　5点×3問

11 A「きのうの　雨は　すごかったですね。」

B「今まで、＿＿＿＿　＿＿＿＿　＿★＿＿　＿＿＿＿ので　びっくりしました。」

1　ことが　　　　　2　あんなに　　　3　なかった　　　4　降った

12 A「きのうの　7時ごろ、いなかったよね。家まで　行ったんだよ。」

B「いたよ。変だなあ…。あ、＿＿＿＿　＿＿＿＿　＿★＿＿　＿＿＿＿みたいだね。」

1　ところに　　　　2　来た　　　　　3　入っている　　4　おふろに

13 A「ご家族の　写真ですね。田中さんの　＿＿＿＿　＿＿＿＿　＿★＿＿　＿＿＿＿は
どなたですか。」

B「それは　わたしの　兄です。」

1　立っている　　　2　うしろに　　　3　人　　　　　　4　背の高い

もんだい3 [14] から [18] に 何を 入れますか。文章の 意味を 考えて、1・2・3・4から いちばん いい ものを 一つ えらんで ください。

下の 文章は サリーさんが 書いた 作文です。

7点×5問

「日本の 生活」

サリー・スミス

　わたしは、1年前に アメリカから 日本に 来ました。

　父の 仕事で、日本に 来る こと [14] 、わたしは あまり うれしく ありませんでした。学校の 友だちと はなれるのは [15] 、日本の ことを よく知らなかったので、不便な 生活に なると 思って いました。ところが、東京は アメリカの わたしの 町より ずっと 大きく、デパートや いろいろな 店にも歩いて 行けるので、とても 便利です。

　わたしは 毎日、電車で 学校に 通って います。日本は 人が 多いので電車は とても こんで います。けれども わたしが 乗る 電車は みんなと反対の 方に 行くので、朝は すいて います。すわって いく ことも よくあります。

　今、住んで いる 家は、アメリカの 家 [16] ですが、新しいし、とても住みやすいです。近くに 日本人の 友だちも できて、よく いっしょに 買い物や食事に [17] して います。そんな ときは 日本語を 話すように して います。

　来年、アメリカに 帰りますが、わたしは 日本での 生活を [18] 。

---

[14] 1 が あったら　2 が あった とき　3 に なったら　　4 に なった とき

[15] 1 さびしく なるし　　　　　　2 さびしく なったし

　　 3 さびしく なく なるし　　　4 さびしく なく なったし

[16] 1 ほど 小さい　　　　　　　　2 より 広い

　　 3 ほど 大きく ない　　　　　4 より 小さく ない

[17] 1 行く ところに　　　　　　　2 行った ことに

　　 3 行った ままに　　　　　　　4 行ったり

[18] 1 楽しみです　　　　　　　　　2 楽しいです

　　 3 楽しんで います　　　　　　4 楽しいでしょう

29ページの答え：①2 ②4 ③2 ④2→4→★3→1 ⑤2→3→★1→4

第２週

だい　　　しゅう

文法を勉強しましょう②

ぶんぽう　　べんきょう

Let's study grammar. ② / Hãy học ngữ pháp ②

1日目　宿題を しなければ いけません。

Q.（　　）に入るのは？
明日は（　　）
いいですよ。

来ないと

来なければ

来なくても

明日は、休みだ！

おぼえましょう

明日は 早く 起きなければ なりません。

I have to wake up early tomorrow.
Ngày mai tôi phải dậy sớm.

～なければ ならない		＊ V なければならない
～なくては いけない	one must ～ / phải ～	＊ V なくてはいけない
～ないと いけない		＊ V ないといけない

- 日本では 車は 左側を 走らなければ なりません。
- 今週は 日曜日も 会社に 行かなくては いけない。
- 食後に、薬を 飲まないと いけない。

～なきゃ（いけない）		※ These are often used in casual conversation. / Thường sử dụng trong hội thoại thân mật.（カジュアルな会話でよく使う。）
～なくちゃ（いけない）	one must ～ / phải ～ (văn nói)	
～ないと（いけない）		

- 洗濯しなきゃ。　・明日 試験だから 勉強しなくちゃ いけない。
- お客さんが 来るから、片づけないと。

その 本は、すぐに 返さなくても いいです。

You don't have to return that book right away. / Quyển sách đó không cần trả ngay cũng được.

| ～ても いい | it is okay to ～ / ～ cũng được, ～ cũng không sao |

- これ、すてても いいですか。

| ～なくても いい | does not have to ～ / không ～ cũng được, không ～ cũng không sao |

- 明日 来なくても いいですか。　＊来ないでも　・今日じゃなくても いいです。

| ～ては いけない | must not / không được ～ |

- テストの とき、ペンを 使っては いけません。
- その 川で およいでは いけません。

頭が 痛い とき、この 薬を 飲むと いいです。

When your head hurts, you should take this medicine. / Khi đau đầu, hễ uống thuốc này thì tốt.

| ～と いい | ～たら いい | ～ば いい | you should ～ / Nếu ～ thì tốt / hay / mừng v.v.

- A「明日、ハイキングに 行きます。」
  B「雨が 降らないと いいですね。」
- 仕事が 早く 見つかったら いいですね。
- 母の 病気が 早く 治れば いい(の)ですが…。

れんしゅう

もんだい 1 （　）に 何を 入れますか。1・2・3・4から いちばん いい ものを 一つ えらんで ください。

① 来週中に 授業料を （　）　いけない。

　　1　はらえば　　　2　はらわなくても　　3　はらっては　　4　はらわないと

② その 本だなに ある まんがを （　）　いいですか。

　　1　読んでも　　　2　読むと　　　　　3　読まないでは　4　読まないと

③ A「あしたは、試験の 結果の 発表の 日ですね。」

　　B「そうですね。（　）　いいんですが…。」

　　1　受かっても　　2　受からなければ　3　受かっていれば　4　受からないと

もんだい 2　 ★ に 入る ものは どれですか。1・2・3・4から いちばん いい ものを 一つ えらんで ください。

④ 学生「すみません。レポートを 家に 忘れて きました。あした、持って きます。」

　　先生「あした＿＿＿＿　＿＿＿＿　 ★ ＿＿　＿＿＿＿ 出して ください。」

　　1　いいですが　　2　までに　　　　3　じゃなくても　4　10日

⑤ A「この はさみ、切れないね。」

　　B「新しい＿＿＿＿　＿＿＿＿　 ★ ＿＿＿＿ね。」

　　1　のを　　　　　2　と　　　　　　3　買わない　　　4　いけない

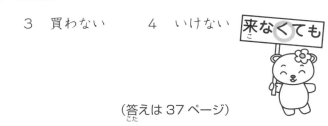

来なくても

（答えは 37 ページ）

第2週　文法を勉強しましょう②

2日目　習った ことを 忘れて しまいました。

> Q.（　）に入るのは？
> 暑いから、まどを
> 開けて（　　）ください。

ままに　　みて　　おいて　　ちゃって

おぼえましょう

お客さんが 来る 前に そうじして おきます。

I will clean up before any guests arrive. / Tôi quét dọn trước khi khách đến.

V て おく

① This expresses making preparations in advance. / Thể hiện ý nghĩa chuẩn bị từ trước.（前もって準備するという意味を表す。）

• 旅行する 前に、ガイドブックを 読んで おきましょう。

② This expresses maintaining a current condition. / Thể hiện ý nghĩa tiếp tục tình trạng hiện tại.（今の状態を続けるという意味を表す。）

• ドアを 開けて おいて ください。

• 机の 上は 片づけないで、そのままに して おいて ください。

※ In casual conversation, "V て おく" becomes "V とく." / Trong hội thoại thân mật thông thường thì "V て おく" trở thành "V とく".（カジュアルな会話では、「V て おく」は「V とく」になる。）

• 読んどく　　• 開けとく　　• しとく

残って いた ワインを 飲んで しまいました。

I drank all of the wine that was left. / Tôi đã uống hết phần rượu vang thừa mất rồi.

V て しまう

① This expresses emphasis of an action or circumstance. / Thể hiện sự nhấn mạnh động tác hay trạng thái nào đó.（ある動作や状態の強調を表す。）

• きのう 買った たまごは、使って しまいました。

• その 本だなの まんがは 全部 読んで しまいました。

② This expresses regret at having gotten into a certain situation. / Thể hiện sự đáng tiếc khi trở nên trạng thái đó.（その状態になって残念だということを表す。）

• 電車の 中に かさを 忘れて しまいました。

• 駅まで 走りましたが、電車は 行って しまいました。

※ In casual conversation, this becomes "V~ちゃう" or "V~じゃう." / Trong hội thoại thân mật thông thường thì sẽ nói thành "V~ちゃう", "V~じゃう".（カジュアルな会話では「V~ちゃう」「V~じゃう」になる。）

• 使っちゃう　　• 忘れちゃう　　• 行っちゃう　　• 読んじゃう

これ、おいしいですよ。食べて みて ください。

This is delicious. Please try it. / Cái này ngon lắm đấy. Ăn thử xem.

V て みる	try V / V thử

- くつを 買う 前には 必ず はいて みましょう。　　＊ 必ず necessarily / chắc chắn, nhất định
- 日本の 旅館に とまって みたいです。
- その ゲーム、やって みたけれど、つまらなかった。

れんしゅう

もんだい１ （　）に 何を 入れますか。１・２・３・４から いちばん いい ものを 一つ えらんで ください。

① パーティーの ために ビールを 買って （　） ください。

　　１　おいて　　　　２　しまって　　　３　みて　　　　　４　といて

② れいぞうこに 入って いた ビールを 全部 飲んで （　）。

　　１　しまいました　２　ときました　　３　じゃいました　４　ちゃいました

③ Ａ「駅から どうやって 行きますか。」

　　Ｂ「あ〜、今、バスが （　） から、タクシーで 行きましょう。」

　　１　行ってみた　　２　行っておいた　３　行っといた　　４　行っちゃった

もんだい２ ＿★＿に 入る ものは どれですか。１・２・３・４から いちばん いい ものを 一つ えらんで ください。

④ 山田「もしもし、すみません。車の じこで、１時間くらい おくれますので、

　　＿＿＿＿ ＿＿＿＿ ＿★＿ ＿＿＿＿ ください。」

　　田中「わかりました。」

　　１　わたしを　　　２　待たないで　　３　おいて　　　　４　はじめて

⑤ Ａ「あそこの 新しい レストラン、行きましたか。」

　　Ｂ「ええ、＿＿＿＿ ＿＿＿＿ ＿★＿ ＿＿＿＿ もう 行きません。」

　　１　が

　　２　おいしくなかった

　　３　行ってみました

　　４　ので

（答えは 39 ページ）

35 ページの答え：①４　②１　③３　④３→１→★４→２　⑤１→３→★２→４

3日目　教えて くれて ありがとう。

おぼえましょう

私は 田中さんに 地図を かいて あげました。

I drew Tanaka-san a map. / Tôi đã vẽ bản đồ cho anh / chị Tanaka.

N を あげる／くれる／もらう

- 私は 田中さんに セーターを あげました。
- 田中さんが (私に) セーターを くれました。

※ " くれる (to give)" is always used when referring to oneself or one's family giving something. / " くれる " thì luôn là "cho tôi (私に)" hay "cho gia đình tôi (私の家族に)". (「くれる」は、いつも「私に」や「私の家族に」になる。)

- 私は 田中さんに セーターを もらいました。
- **OK** 田中さんから セーターを もらいました。
- **OK** 学校／会社／市役所で ID カードを もらいました。

V て あげる
This expresses doing something for someone else. / Thể hiện việc làm điều gì đó cho người kia. （相手のために何かをするということを表す。）

- 私は 友だちの 引っこしを 手伝って あげました。
- 英語を 教えて あげましょうか。

※ "N を やる／V て やる (to do for)" is often used for house plants, animals and one's own children. / Đối với hoa, động vật, hay con của mình thì thường dùng "N を やる／V て やる" （花や動物、また自分の子どもに対しては、「N を やる／V て やる」をよく使う。）

- 花に 水を やる　・犬に えさを やる　・子どもに 勉強を 教えてやる

V て くれる
This expresses that something is done by someone else for oneself or one's family. / Thể hiện việc người khác làm điều gì đó cho tôi hay cho gia đình tôi. （ほかの人が、私や私の家族のために何かをするということを表す。）

- 田中さんは 私に 地図を かいて くれました。
- この マフラーは、友だちが あんで くれました。
- 手伝って くれて、ありがとう。

V て もらう
This also expresses that one is grateful for someone else doing something for oneself. / Thể hiện việc người khác làm cho mình, bao gồm cả ý nghĩa biết ơn. （ほかの人が自分のためにしてくれたことを表し、感謝の意味も含む。）

- 私は 田中さんに 地図を かいて もらいました。
- 友だちに 東京駅まで 連れて行って もらいました。

あの 先生は いつも やさしく 教えて くださいます。

That teacher is always kind when he teaches me. / Thầy / cô đó luôn ân cần dạy cho chúng tôi.

Polite speech is used when the other person is one's superior outside of one's family. / Trường hợp người kia là người trên, không phải trong gia đình thì dùng kính ngữ. （相手が家族以外の目上の人の場合は敬語を使う。）

あげる	N を さしあげる／V て さしあげる	N を さしあげます／V て さしあげます
くれる	N を くださる／V て くださる	N を くださいます／V て くださいます
もらう	N を いただく／V て いただく	N を いただきます／V て いただきます

・先生が 本を くださいました。　　・先生に 地図を かいて いただきました。

れんしゅう

もんだい１ （　）に 何を 入れますか。１・２・３・４から いちばん いい ものを 一つ えらんで ください。

① ぼくが 小学生の とき、姉が よく 宿題を 手伝って （　）。

　１　あげました　　２　もらいました　３　くれました　　４　やりました

② 小さい ころ、わたしは 父に よく あそんで （　）。

　１　あげました　　２　もらいました　３　くれました　　４　くださいました

③ A「来週の 日曜日、映画に 行かない？」

　B「さそって （　） ありがとう。でも、その 日は、別の 約束が あって…。」

　１　おいて　　　　２　あげて　　　　３　くれて　　　　４　みて

もんだい２ ＿★＿に 入る ものは どれですか。１・２・３・４から いちばん いい ものを 一つ えらんで ください。

④ 中村先生は ＿＿＿ ＿＿＿ ＿★＿ ＿＿＿ので、人気が あります。

　１　教えて　　　　　２　ていねいに　　３　やさしいし　４　くださる

⑤ A「いっしょに 行って あげましょうか。」

　B「田中さんに 地図を ＿＿＿ ＿＿＿ ＿★＿ ＿＿＿ だいじょうぶです。」

　１　いただきました　２　かいて　　　３　から　　　　４　ひとりで

もらった

（答えは 41 ページ）

（答えは 41 ページ）

37 ページの答え：①1　②1　③4　④1→2→★4→3　⑤3→1→★2→4

第2週　文法を勉強しましょう②

4日目　日記を 書くように しましょう。

ぼくは
メモをしたことも
忘れてしまう…

Q.（　）に入るのは？
忘れない（　　　）
メモします。

ように　　ためで　　ような

おぼえましょう

社長は 会議に 出席するために、東京へ 行きました。

The company president went to Tokyo to participate in a meeting. / Giám đốc đã đi Tokyo để tham dự cuộc họp.

| Nの ため(に) | Vため(に) | This expresses an objective. / Thể hiện mục đích. （目的を表す。）

- 明日の 会議の ために、準備を して います。
- 家を 買うために、貯金を して います。

| Nの ため(に) | Vため(に) | This expresses a cause. / Thể hiện nguyên nhân. （原因を表す。）

- 台風の ため、飛行機が おくれました。
- 電車が おくれたため、会議に 間に 合いませんでした。

みんなに 聞こえるように、大きい 声で 話して ください。

Please say it loudly so everyone can hear. / Vui lòng nói lớn để mọi người có thể nghe được.

| Vように | so that V / để V

- 雪の 日は、ちこくしないように、早く 家を 出ます。
- 習った ことは 忘れないように、復習しましょう。

日本語が 上手に 話せるように なりたいです。

I want to be able to speak Japanese well. / Tôi muốn (trở nên) nói giỏi tiếng Nhật.

| Vように なる | This expresses a change. / Thể hiện sự thay đổi. （変化を表す。）

- 赤ちゃんは、1 さいごろから 歩くように なります。
- 父は 仕事を やめてから、早く 寝るように なりました。

| Vように する | This expresses a habit or effort. / Thể hiện thói quen và sự nỗ lực. （習慣や努力を表す。）

- 日本語の クラスでは、日本語だけを 話すように して います。
- 毎食後、歯を みがくように して います。

父に あまり お酒を 飲まないように 言って います。

I tell my father not to drink too much alcohol. / Tôi nói cha không uống rượu nhiều.

| V ように 言う | tell someone to V / Nói (làm sao cho / để) V |

• あの 人たち、うるさいですね。すみませんが、静かに するように 言って ください。

• 母から 今日は 早く 帰るように 言われました。

• 妻に、家の 中では たばこを 吸わないように 言われて います。

れんしゅう

もんだい１ （　　）に 何を 入れますか。１・２・３・４から いちばん いい ものを 一つ えらんで ください。

① あまい ものは 食べない（　　）して います。

　　１　ために　　　　２　ように　　　　３　ままに　　　　４　ことで

② これは 外国人が 日本語を 勉強する（　　）本です。

　　１　ような　　　　２　ための　　　　３　ようにする　　４　ためにする

③ A「家から 駅まで 近いですか。」

　　B「ちょっと 遠いですが、バスを 使わないで（　　）います。」

　　１　歩くように行って　　　　　　　２　歩いて行くようにして

　　３　歩くようになって　　　　　　　４　歩いて行くようになって

もんだい２　＿★＿に 入る ものは どれですか。１・２・３・４から いちばん いい ものを 一つ えらんで ください。

④ A「日本での 生活は どうですか。」

　　B「＿＿＿＿ ＿＿＿＿ ＿★＿ ＿＿＿＿ なりました。」

　　１　日本語が話せる　　２　楽しく　　　３　なってから　　４　ように

⑤ 医者に、この薬を １日に３回、＿＿＿＿ ＿＿＿＿ ＿★＿ ＿＿＿＿ いる。

　　１　飲む　　　　　２　言われて　　　３　食事のあとで　４　ように

ように

（答えは 43 ページ）

39 ページの答え：①3　②2　③3　④3→2→★1→4　⑤2→1→★3→4

5日目 日本語で どう 言いますか。

Q.（　）に入るのは？
それは（　）
意味ですか。

おぼえましょう

いい 家ですね。私も こんな 家に 住みたいです。

This is a nice house. I want to live in a house like this. / Căn nhà đẹp nhỉ. Tôi cũng muốn sống ở căn nhà như thế này.

こんな N	そんな N	あんな N	どんな N

- A「これ、できる？」

  B「**そんな** こと、できないよ。」

- **あんな** バッグが ほしいです。

- **どんな** 音楽が 好きですか。

こんなに	そんなに	あんなに	どんなに

- **こんなに** 勉強して いるのに、成績が 悪いのは どうしてだろう。

- A「テスト、全然 できませんでした。」

  B「**そんなに** むずかしかったんですか。」

＊成績 results / thành tích

こう V	そう V	ああ V	どう V

- 私も **そう** 思います。

- A「これは、漢字で **どう** 書きますか。」

  B「**こう** 書きます。」

※ When talking about something both parties know about, " あの～ (that ~)" or " あそこ (there)" is used, but when talking about something only one party knows about, " その～ (that ~)" and " そこ (there)" are used. / Trong hội thoại, khi cả hai bên đều biết thì dùng " あの～ ", " あそこ " nhưng khi chỉ có một bên biết thì dùng " その～ ", " そこ ". (会話の中で、両方が知っているときは「あの～」「あそこ」を使うが、どちらかしか知らないときは、「その～」「そこ」を使う。)

A「また 駅前の 居酒屋へ 行きましょうか。」

B「**あそこ**は 高いですよ。『わかば』は どうですか。」

A「どこですか？ **そこ**も 居酒屋ですか。」

＊居酒屋 Japanese pub / quán nhậu

日本で ×は ダメという 意味です。   <small>In Japan, × means "no good."
Ở Nhật, × có nghĩa là không được.</small>

| ～という N || ～っていう N || N called ～ / N gọi là ～, N tên là ～ |

- 兄は、東京の 目黒という ところに 住んで います。
- 電気代が あがるという 話は、本当ですか。
- 駅前の 「あすか」っていう レストランを 知って いますか。

| どういう N |

- それは どういう 意味ですか。   ＊なんの 意味ですか。

れんしゅう

もんだい１ （　　）に 何を 入れますか。１・２・３・４から いちばん いい ものを 一つ えらんで ください。

① これは、日本語で （　　） 言いますか。

   1 どれ　　　　　 2 なに　　　　　 3 なん　　　　 4 どう

② A「もう、あなたと 話したく ありません。」

   B「（　　）、言わないで ください。」

   1 それのこと　　 2 そんなこと　　 3 あのこと　　　 4 あんなこと

③ ジョンさん、（　　） がんばって いたのに、試験に 落ちたそうですよ。」

   1 そう　　　　　 2 そんなに　　　 3 あんなに　　　 4 ああ

もんだい２ ＿★＿ に 入る ものは どれですか。１・２・３・４から いちばん いい ものを 一つ えらんで ください。

④ A「食事、どこへ 行きましょうか。」

   B「駅の ＿＿＿＿ ＿＿＿＿ ＿★＿ ＿＿＿＿ 居酒屋は どうですか。」

   1 近くの　　　　 2 すぐ　　　　　 3 っていう　　　 4 『いろり』

⑤ 子ども「ぼく、プールの ある 家に 住みたい。」

   父親「お父さんが ＿＿＿＿ ＿＿＿＿ ＿★＿ ＿＿＿＿よ。」

   1 そんな　　　　 2 どんなに　　　 3 家は 買えない　 4 働いても

（答えは 45 ページ）

どういう

41 ページの答え：①２　②２　③２　④１→４→★３→２　⑤３→１→★４→２

6日目　もっと 勉強した ほうが いいですよ。

Q.（　）に入るのは？

妹に、勉強を教えて（　　）と言われた。

くれて　　くれろ　　くれ

ぼくは妹に教えてもらってるよ。

おぼえましょう

わからない ところは 先生に 聞いた ほうが いいですよ。

You should ask your teacher about anything you don't understand. / Chỗ nào không biết, hỏi thầy cô thì tốt hơn đấy.

| V た ほうが いい | you should V / nên (làm) V |

- 時間が ないから、タクシーで 行った ほうが いいでしょう。
- かぜを ひいた ときは、早く 寝た ほうが いいですよ。

| V ない ほうが いい | you shouldn't V / không nên (làm) V |

- そんな あぶない ところには、行かない ほうが いいよ。
- その 川では およがない ほうが いいでしょう。

しゃべるな！ 静かに しろ！

Don't talk! Be quiet!
Không được nói chuyện! Im lặng!

命令形　imperative form / thể mệnh lệnh　Do ~ ! / Hãy ~ !　　　　　⇨ p. 14

禁止形　prohibitive form / thể cấm　Don't ~ ! / Không được ~ ! / Cấm ~ !

① This has a strong meaning and is particularly used by men. / Có nghĩa mạnh, đặc biệt nam giới thường dùng.（強い意味で、特に男性が使う。）

- 時間が ないから、早く しろ。
- こっちに 来い。

② This is used in sports cheers and on signs or posters. / Dùng để cổ vũ trong thể thao hay các biển báo, áp phích v.v.（スポーツの応援や標識、張り紙などに使う。）

- がんばれ！　　・打て！
- 止まれ！　　・スピードを 出すな！　　・渡るな！
- 混ぜるな、危険！

③ This is used when conveying something that was said by another person. / Dùng khi truyền đạt lời nói của người khác.（ほかの人の言葉を伝えるときに使う。）

- 母に、毎日 メールを くれ と 言われて います。
- 医者に、酒を 飲むな と 言われました。

早く 起きなさい。
はや　お

Hurry up and wake up.
Mau dậy đi.

∨ なさい

This is an imperative phrase that is often used by parents to their children or by teachers to their students. / Cách nói mệnh lệnh của cha mẹ thường dùng đối với con cái, giáo viên dùng đối với học sinh.（親が子どもに対してや、先生が学生に対してよく使う命令表現。）

- 肉ばかり　食べないで、野菜も　食べなさい。
にく　　　た　　　　　や さい　　た
- つぎの　ことばを　漢字で　書きなさい。　　　　・静かに　しなさい。
かん じ　か　　　　　　　　　　　　しず

れんしゅう

もんだい１　（　　）に　何を　入れますか。１・２・３・４から　いちばん　いい　ものを
　　　　　　　一つ　えらんで　ください。

① そこは　あぶないから、夜は　（　　）　ほうが　いいですよ。
　　　　　　　　　　　　　　よる

　1　行く　　　　　2　行った　　　　3　行かない　　　4　行かなかった

② 田中さんには、今日の　ことは　（　　）　ほうが　いいと　思います。
　た なか

　1　言えない　　　2　言わない　　　3　言えないの　　4　言わないの

③　　母親「いつまで　ゲームを　して　いるの。早く　（　　）。」
　　ははおや

　子ども「はーい。」

　1　寝ろう　　　　2　寝ますよ　　　3　寝なさい　　　4　寝るな
　　ね　　　　　　　　ね　　　　　　　ね　　　　　　　ね

もんだい２　★　に　入る　ものは　どれですか。１・２・３・４から　いちばん　いい
　　　　　　　ものを　一つ　えらんで　ください。

④ A「もう　帰るんですか。」
　　　　　　かえ

　B「はい、父に　＿＿＿　＿＿＿　★　＿＿＿と　言われて　いるので。」

　1　には　　　　　2　9時　　　　　3　帰れ　　　　4　まで
　　　　　　　　　　　　　　　　　　　かえ

⑤ A「たばこ、やめられましたか。」

　B「いいえ、妻にも　毎日　＿＿＿　＿＿＿　★　＿＿＿　やめられなくて…。」
　　　　　　つま

　1　言われている　2　やめろ　　　　3　けれど　　　　4　って

くれ

（答えは 48 ページ）
こた

43 ページの答え：①4　②2　③3　④2→1→★4→3　⑤2→4→★1→3
こた

7日目　まとめ問題

Review Test /
Bài tập tổng hợp

時間：20分

（答えは別冊 p. 2）

もんだい1　（　　）に　何を　入れますか。1・2・3・4から　いちばん　いい
ものを　一つ　えらんで　ください。 5点×10問

1　わたしは　エレベーターや　エスカレーターは　使わないで、かいだんを
（　　）　います。

1　使うためにして　　　　　　　　2　使うようにして

3　使っといて　　　　　　　　　　4　使ってみて

2　その　レストランに　行く　ときは、ネクタイを　（　　）。

1　してはならない　　　　　　　　2　してもかまわない

3　しなければならない　　　　　　4　しなければいい

3　A「雨が　降って　きたよ。」
　　B「洗濯物、早く　（　　）。」

1　入れないと　　2　入れてみて　　3　入れてはいけない　4　入れたらいい

4　A「映画、始まっちゃうよ。走って　行こう。」
　　B「うーん、（　　）　走っても　間に合わないから、今日は　映画　行くの、
　　やめよう。」

1　ああいう　　　　2　あんなに　　　　3　どういう　　　　4　どんなに

5　A「あれ？　ここに　あった　クッキーは？」
　　B「ごめんなさい。全部　（　　）。」

1　食べてみた　　2　食べといた　　3　食べちゃった　　4　食べなくちゃ

6　父親「たかし、自転車の　練習、がんばってる？」
　　子ども「うん、だいぶ　上手に　（　　）。」

1　乗れるためにしたよ　　　　　　2　乗れるようになったよ

3　乗れたらいいね　　　　　　　　4　乗れたほうがいいよ

7 これは、2年前に、田中先生に（　　）本です。

1　くださる　　　　2　くださった　　　3　いただく　　　　4　いただいた

8 A「天気予報で、今日は、夕方から　雨が　降るって　言ってたよ。」

B「あ、そう。じゃ、かさを　（　　）ね。」

1　持って行ったほうがいい　　　　　　2　持って行かなくてもいい

3　持って行ってもいい　　　　　　　　4　持って行かないといい

9 この　文は　（　　）意味ですか。

1　なにの　　　　　　2　なにいう　　　　　3　どういう　　　　4　どうした

10 A「山田さん、会議室の　予約、（　　）よね。」

B「すみません、まだです。すぐに　します。」

1　してくれた　　　2　してあげた　　　3　したことある　　　4　したことない

もんだい2　　__★__　に　入る　ものは　どれですか。1・2・3・4から　いちばん
いい　ものを　一つ　えらんで　ください。　　　　　5点×3問

11 A「いい　時計ですね。」

B「＿＿＿　＿＿＿　__★__　＿＿＿　だれでも　もらえる　ものですよ。」

1　会社で　　　　　　　　　　　　　2　長く

3　つとめていると　　　　　　　　　4　もらいましたが

12 わたしは　＿＿＿　＿＿＿　__★__　＿＿＿は　歯医者に　行くように　して
います。

1　月に1回　　　2　チェック　　　3　のために　　　4　虫歯の

13 A「さっき　たのんだ　こと、＿＿＿　＿＿＿　__★__　＿＿＿　やって　おいて
ください ね。」

B「わかりました。あしたまでに　して　おきます。」

1　すぐ　　　　　2　いい　　　　　3　から　　　　　4　じゃなくても

もんだい3 [14] から [18] に 何を 入れますか。文章の 意味を 考えて、1・2・3・4から いちばん いい ものを 一つ えらんで ください。

下の 文章は キムさんの 今日の 日記です。

7点×5問

今朝は 6時に 起きました。いつもは 7時半に 起きますが、ホームステイの 家族が きのうから 旅行に 行ったので、ぼくが 犬の レオの 散歩を [14] です。お母さんは、散歩は [15] いいと 言って くれましたが、30分も 散歩しました。

散歩から 帰ってから、レオに えさを やりました。それから 学校に 出かける じゅんびを しました。そのあと レオが ボールを 持って きて、ぼくに [16] と 言うので、いっしょに あそんで やりました。家を 出るのが おそく なったので、いつもの 電車に [17] 駅まで ずっと 走って 行きました。

学校から 帰ってから、また レオの 世話を して、それから 自分の 晩ごはんを 作りました。おいしかったですが、ちょっと 味が うすかったので、つぎに 作るときは、もう少し 塩を 入れると いいと 思いました。

学校で 習った ことは [18] 毎日 復習を していますが、今日は とても つかれて ねむいので、あした また がんばります。

今日は、本当に いそがしい 一日でした。

[14]
1 してもよかったから
2 してはいけなかったので
3 しなければならなかったから
4 しなければならなかったので

[15]
1 みじかくても
2 みじかくては
3 みじかいのが
4 みじかいので

[16]
1 なげる
2 なげた
3 なげろ
4 なげるな

[17]
1 乗るあいだに
2 乗るときに
3 乗るように
4 乗るために

[18]
1 わすれないように
2 わすれないと
3 わすれておいて
4 わすれてみて

45ページの答え：①3　②2　③3　④2→4→★1→3　⑤2→4→★1→3

第3週

だい　　しゅう

文法を勉強しましょう③

ぶんぽう　　べんきょう

Let's study grammar. ③ / Hãy học ngữ pháp ③

第三週

第3週　文法を勉強しましょう③

1日目　漢字を 書くのは 大変です。
かんじ　か　　　たいへん

おぼえましょう

おいしい かどうか わかりませんが、食べて みて ください。
た

I don't know if it's good or not, but please try it. / Tôi không biết ngon hay không nhưng bạn ăn thử đi.

～かどうか　　whether it's ～ or not / ～ hay không

- その 話が 本当 かどうか 調べた ほうが いいですよ。
はなし　　　ほんとう　　　しら

- 明日、テストが ある かどうか、リンさんに 聞いて みましょう。
あした　　　　　　　　　　　　　　き

- 新しい 学校で、友だちが できる かどうか 心配です。
あたら　　がっこう　とも　　　　　　　　　しんぱい

田中さんが どこに 住んで いるか 知って いますか。
たなか　　　　　　す　　　　　し

Do you know where Tanaka-san lives? / Bạn có biết anh / chị Tanaka sống ở đâu không?

疑問詞(いつ／どこ／だれ など)～か
ぎもんし

- きのうの 夜、どうやって 帰ったか 覚えて いません。
よる　　　　　　　かえ　　　おぼ

- この 作文は だれが 書いたか 名前が ないので わかりません。
さくぶん　　　　　か　　　なまえ

- なぜ 会社を やめたか 教えて ください。
かいしゃ　　　　おし

漢字を 覚えるのは 大変です。
かんじ　おぼ　　　たいへん

Learning kanji is difficult.
Việc thuộc (nhớ) Hán tự thật vất vả (khó).

～の

① This is used in place of nouns for people, places, things or time. / Dùng để thay thế cho danh từ chỉ người, nơi chốn, vật, thời gian v.v. (人、場所、物、時間などの名詞の代わりに使う。)

- あそこで たばこを すって いるのが 社長です。(＝人)
しゃちょう　　　ひと

- あなたが ほしいのは 何ですか。(＝もの)
なん

- 学校が 始まるのは、9時からです。(＝時間)
がっこう　はじ　　　　じ　　　　じかん

② This is used to nominalize a sentence. " こと " can also be used. / Dùng khi chuyển câu thành danh từ. Có thể thay bằng " こと ". (文を名詞にするときに使う。「こと」に言い換えられる。)

- 姉は ケーキを 作るのが 上手です。(＝作ること)
あね　　　　　　つく　　じょうず　　　つく

- 田中さんが 中国へ 留学したのを 知って いますか。(＝留学したこと)
たなか　　ちゅうごく　りゅうがく　　し　　　　　　　りゅうがく

- 外国人が 多いのに びっくりしました。(＝多いこと)
がいこくじん　おお　　　　　　　　　おお

この 絵を かくのに 1か月 かかりました。

It took one month to draw this picture. / Để vẽ bức tranh này, tôi đã mất 1 tháng.

| ～のに… | This means "in order to ~." / Thể hiện ý "để làm ~". (「～するために」という意味を表す。) |

- この 洗剤は、セーターを 洗う**のに** 使います。
- 子どもを いい 学校に 入れる**のに** お金が かかります。
- この 掃除機は 小さいので、階段を 掃除する**のに** 便利です。

れんしゅう

もんだい1 （　）に 何を 入れますか。1・2・3・4から いちばん いい ものを 一つ えらんで ください。

① 今日は 日曜日なので、その 店が 開いて いる か （　） わかりません。

　　1　ないか　　　　　2　なにか　　　　　3　どれか　　　　　4　どうか

② お酒も たばこも やめる （　） たいへんです。

　　1　かは　　　　　　2　のは　　　　　　3　のを　　　　　　4　かで

③ A「何を さがして いますか。」

　　B「スマホですが、どこに 置いた （　） わからなくて…。」

　　1　か　　　　　　　2　の　　　　　　　3　は　　　　　　　4　こと

もんだい2 ___★___ に 入る ものは どれですか。1・2・3・4から いちばん いい ものを 一つ えらんで ください。

④ A「ギター、上手に なりましたね。」

　　B「はい、でも この ＿＿＿＿ ＿＿＿＿ ___★___ ＿＿＿＿ 3か月も かかりました。」

　　1　ひける　　　　　2　きょくが　　　3　ようになる　　4　のに

⑤ 妻「駅前の スーパーで トマト、買って きて。」

　　夫「え？ ＿＿＿＿ ＿＿＿＿ ___★___ ＿＿＿＿の？」

　　1　つぶれちゃった　2　の　　　　　　3　あのスーパー　4　知らない

　　　　　　　　　　＊つぶれる go out of business / sập (tiệm), đổ sập, đóng cửa

のに

（答えは 53 ページ）

第3週 文法を勉強しましょう③

2日目 この まどから 山が 見えます。
やま　み

Q.（　）に入るのは？
はい
すみません、
よく（　　　　）。

聞けません
聞こえません
聞きません
聞いていません

おぼえましょう

この 店では 新鮮な 魚が 食べられます。
みせ　　しんせん　さかな　た

This restaurant offers fresh fish. / Chúng ta có thể ăn món cá tươi ở tiệm này.

| 動詞の可能形 | ＝Ｖる ことが できる |
どうし　かのうけい

⇨ p. 113

The potential form of verbs is "V ru koto ga dekiru" / Thể khả năng của động từ = "V る ことが きる" (có thể V)

- 私は 日本語を 話せますが、読む ことも 書く ことも できません。
わたし　にほんご　はな　　　　　よ　　　　　　　か
- 私は およげますが、速く およぐ ことは できません。
わたし　　　　　　　　はや
- 今週の 日曜日も 来られますか。
こんしゅう　にちようび　こ

窓を 開けると、鳥の 声が 聞こえます。
まど　あ　　　　とり　こえ　き

When I open the window, I can hear birds chirping. / Mở cửa sổ thì có thể nghe tiếng chim hót.

| 聞こえる | be audible / nghe thấy

- となりの 家から ピアノの 音が 聞こえます。
いえ　　　　　　おと　　き
- 私は 左の 耳が よく 聞こえません。
わたし　ひだり　みみ　　　き

| 聞ける | be able to listen / có thể nghe

- この パソコンは ラジオも 聞けます。
き

| 見える | be visible / nhìn thấy

- ここから 東京駅が よく 見えます。
とうきょうえき　　　　み
- めがねが ないから、よく 見えません。
み

| 見られる | be able to see / có thể thấy (xem)

- この 美術館では、ピカソの 絵が 見られます。
びじゅつかん　　　　　　え　み

公園で 子どもたちが 遊んで いるのが 見えます。

I can see children playing in the park. / Nhìn thấy bọn trẻ đang chơi trong công viên.

～のが 見える	～のを 見る
～のが 聞こえる	～のを 聞く

• きのう、トムさんが、きれいな 女の人と 歩いて いるのを 見ました。
• となりの 部屋で だれかが けんかして いるのが 聞こえます。
• 田中さんが 英語を 話して いるのを 聞いた ことが ありません。

※ This " ～の " cannot be replaced with " ～こと ." / " の " của những cụm từ này không thể đổi sang " こと ". (これらの 「～の」は 「～こと」に 言い換えられない。)

れんしゅう

もんだい1 （　　）に 何を 入れますか。1・2・3・4から いちばん いい ものを 一つ えらんで ください。

① この カードは だれでも （　　）ことが できますよ。

1　作る　　　　2　作れる　　　　3　作られる　　　4　作った

② 子どもは、大人より 高い 音が （　　）。

1　聞きます　　2　聞かれます　　3　聞いています　4　聞こえます

③ A「あれは、富士山ですか。」

B「いいえ、ここからは （　　）よ。」

1　見ません　　2　見えません　　3　見ないです　　4　見ることがないです

もんだい2　★　に 入る ものは どれですか。1・2・3・4から いちばん いい ものを 一つ えらんで ください。

④ 魚が ＿＿＿ ＿＿＿ ＿★＿ ＿＿＿ 楽しいです。

1　のを　　　　2　のは　　　　3　見る　　　　4　およいでいる

⑤ A「＿＿＿ ＿＿＿ ＿★＿ ＿＿＿ 聞こえますね。」

B「ああ、あれは となりの 赤ちゃんですよ。」

1　のが　　　　2　ないている　　3　ネコか　　　4　何かが

聞こえません

（答えは 55 ページ）

51 ページの答え：①4　②2　③1　④2→1→★3→4　⑤3→1→★2→4

3日目　雨でも 行きましょう。

おぼえましょう

雨が 降って いるので、今日は 出かけませんでした。

It's raining, so I didn't go out today. / Vì trời mưa nên hôm nay tôi không đi ra ngoài.

～ので…	... because ～ / Vì～, ……	＊便利な→便利なので　　雨→雨なので

This expresses a cause or reason. It is a more polite expression than " ～から ." / Thể hiện nguyên nhân và lý do. Là cách nói lịch sự hơn " ～から…". (原因や理由を表す。「～から…」より丁寧な言い方になる。)

- ちょっと 暑いので、窓を 開けても いいですか。
- 私は 歌が 下手なので、カラオケには 行きません。

※「から」は「～からです」は言えるが、「ので」は「～のでです」とは言えない。

- 今は、運転できません。お酒を 飲んだからです。　　＊飲んだのでです ✗

きのう 勉強したのに、もう 忘れて しまいました。

Even though I studied yesterday, I've already forgotten it. / Hôm qua tôi đã học bài vậy mà đã quên mất rồi.

～のに…	... even though ～ / (đã) ～ vậy mà……	＊便利な→便利なのに　　雨→雨なのに

This express disappointment at the results of something being different than what was expected. / Thể hiện thái độ đáng tiếc, bất mãn khi có kết quả khác với kết quả dự tính. (予想される結果と違う結果になり、残念な気持ちや不満を表す。)

- 冬なのに、あたたかいですね。
- この パソコンは 高かったのに、もう こわれて しまった。

調べても わからなかった。

I looked it up, but I still don't understand.
Có tìm hiểu cũng không hiểu.

～ても／でも…	even after ～/ even if ～ / Có (làm) ～ cũng / Dù ～ cũng…..	＊便利な→便利でも　　雨→雨でも

This is used when saying something to the contrary to ～. / Dùng trong trường hợp nói những việc ngược lại sau khi suy nghĩ từ "～". (「～」から考えて反対のことを言う場合に使う。)

- パソコンは 必要なので、高くても 買います。
- 明日 雨でも、動物園に 行きます。

この 文は 何回 読んでも 理解できません。

No matter how many times I read this sentence, I can't understand it. / Câu này có đọc bao nhiêu lần cũng không thể lý giải được.

疑問詞〜ても／でも…

This expresses "always, no matter what." / Thể hiện ý nghĩa "luôn luôn, bất kỳ trường hợp nào". (「いつも、どんな場合でも」という意味を表す。)

- あの レストランは **いつ 行っても** こんで います。
- 英語を 習って いるが、**どんなに 勉強しても** うまく 話せない。
- 兄は **いくら お酒を 飲んでも** 顔色が 変わりません。

れんしゅう

もんだい1 （　　）に 何を 入れますか。1・2・3・4から いちばん いい ものを 一つ えらんで ください。

① あんなに 勉強した（　　）、試験に 受かりませんでした。

　　1　ので　　　　　2　のに　　　　　3　から　　　　　4　でも

② 妹は どんなに （　　） 太りません。

　　1　食べては　　　2　食べたのに　　3　食べても　　　4　食べるので

③ A「どうして 引っこしますか。」

　　B「広くて 安い ところが 見つかった（　　）です。」

　　1　から　　　　　2　ので　　　　　3　ところ　　　　4　ために

もんだい2　＿★＿に 入る ものは どれですか。1・2・3・4から いちばん いい ものを 一つ えらんで ください。

④ A「あした、3時には 行けないと 思います。」

　　B「そうですか。＿＿＿ ＿＿＿ ＿★＿ ＿＿＿、待って います。」

　　1　なっても　　　2　ので　　　　　3　おそく　　　　4　いい

⑤ A「田中さんに、ちゃんと あやまりましたか。」

　　B「はい、＿＿＿ ＿＿＿ ＿★＿ ＿＿＿ので、こまって います。」

　　1　あやまっても　2　ゆるしてくれない　3　いくら　　　4　でも

53ページの答え：①1　②4　③2　④4→1→★3→2　⑤3→4→★2→1

Ngữ pháp 文法 ■55

４日目　この 漢字の 読み方は むずかしいです。
かんじ　　よ　かた

Q.（　）に入るのは？
安かった。（　　）
はい
やす
たくさん 買った。
か

だから　　それに　　ところが　　たとえば

おぼえましょう

この 店の 料理は おいしい。**それに** ねだんも 安い。
みせ　りょうり　　　　　　　　　　　　やす

This restaurant's food is good. What's more, its prices are cheap. / Đồ ăn của quán này ngon. Đã vậy, giá cũng rẻ.

文 A。　　　**それに／そのうえ**　　　　文 B。

what's more / more than that
Ngoài ra / Hơn nữa

- 山田さんは 若くて きれいです。**それに**、頭も いいです。
やま だ　　わか　　　　　　　　　　　あたま
- きのうは 雨が 降って いて 寒かったです。**そのうえ**、風も 強かったです。
あめ　ふ　　　　　さむ　　　　　　　　　かぜ　つよ

文 A。　　　**それで／だから**　　　文 B。

cause・reason / Nguyên nhân - Lý do　　therefore/ that's why　　result / Kết quả
（原因・理由）　　　　　　Do đó / Vì vậy　　　（結果）

- 電車で 事故が あった。**それで**、ちこくして しまった。
でんしゃ　じ こ
- パソコンが こわれた。**だから**、新しいのを 買った。
あたら　　　　か

文 A。　　　**ところが**　　　　文 B。

expectation/ plan / Dự tính / Dự định　　（＝〜のに）　　unexpected results/ fact / Kết quả ngoài dự tính / Thực tế
（予想／予定）　　　　　　　　　　　　　　（予想外の結果／事実）

- きのうは、試験の 日だった。**ところが**、病気で 受ける ことが できなかった。
し けん　ひ　　　　　　　　びょうき　う

※ other conjunctions / Các liên từ (từ nối) khác （そのほかの接続詞）

そして（then / Và/Rồi thì）**それから**（and then / Sau đó/Từ đó）**けれども**（however / Nhưng mà）**けれど**（however / Nhưng）**でも**（however / Thế nhưng）**しかし**（however / Tuy nhiên）**ところで**（by the way / Thế còn / Mà này）**たとえば**（for example / Ví dụ）**それでは**（well then / Bây giờ）**では**（well then / Vậy）**じゃあ**（well then / Vậy thì）**じゃ**（well then / Nào）

あの 山の 高さは どのくらいですか。
やま　たか

How tall is that mountain? / Chiều cao của ngọn núi kia khoảng bao nhiêu?

形容詞＋さ（＝名詞）　　＊i-A ~~い~~さ　na-A ~~な~~さ　　＊いい→よさ
けいようし　めいし

- 同じ **大きさ**の ダイヤモンドでも、ねだんは いろいろ 違います。
おな　おお　　　　　　　　　　　　　　　　　　　　ちが
- **広さ** よりも **便利さ**を 考えて、今の アパートを 選びました。
ひろ　　　べんり　　かんが　いま　　　　　　えら

この 漢字の 読み方を 教えて ください。

Please tell me how to read this kanji. / Vui lòng chỉ cho tôi cách đọc Hán tự này.

| V 方 | how to V / cách V ＊ V ~~ます~~ かた |

- 新しい コンピューターの 使い方を 習いました。
- この ゲームの やり方が、まだ わからない。

れんしゅう

もんだい1 （　）に 何を 入れますか。1・2・3・4から いちばん いい ものを
一つ えらんで ください。

① ここから 東京駅への 行き（　）は たくさん あります。

　　1　ほう　　　　　2　こと　　　　　　3　みち　　　　　　4　かた

② 朝は はれて いた。（　）、昼から 急に 雨が 降って きた。

　　1　だから　　　　2　それで　　　　　3　ところが　　　　4　そのうえ

③ A「この 店、いつも こんで いますね。安くて おいしいからでしょう。」

　　B「ええ、（　）、量も 多いですから、男の人にも 人気が あります。」

＊量 amount / lượng

　　1　だから　　　　2　それで　　　　　3　ところが　　　　4　そのうえ

もんだい2　__★__に 入る ものは どれですか。1・2・3・4から いちばん いい
ものを 一つ えらんで ください。

④　客「これも 千円ですか。」

　　店員「はい、大きさは ____ ____ __★__ ____。」

　　1　ねだんは　　　2　が　　　　　　　3　ちがいます　　4　同じです

⑤ A「スミスさんは 今、国に 帰って います。」

　　B「そうですか。____ ____ __★__ ____ 返事が 来ないんですね。」

　　1　電話しても　　2　メールしても　3　だから　　　　4　出ないし

だから

（答えは 59 ページ）

| 55 ページの答え： ①2　②3　③1　④3→1→★4→2　⑤4→3→★1→2 |

5日目 手伝って くださいませんか。

Q. （　）に入るのは？
もう一度　言って
（　　　）ませんか。

いただけ　いただき　くださり　ほしい

おぼえましょう

ペンを 貸して くださいませんか。

Could you lend me a pen?
Có thể vui lòng cho tôi mượn cây bút không?

「V て ください」のていねいな言い方。

て　い　ね　い

V て くれませんか
V て もらえませんか
V て くださいませんか
V て いただけませんか

• ちょっと、手伝って くれませんか。　　• 静かに して もらえませんか。

• すみませんが、もう一度 言って いただけませんか。　　＊いただき~~き~~ませんか

父に 早く 元気に なって ほしいです。

I want my dad to get better soon.
Tôi mong cha mau khỏe lại.

V て ほしい
V て もらいたい
V て いただきたい

want someone to V / mong V

• 私の ことを 忘れないで ほしい。
• 息子に いい 大学に 行って もらいたいです。
• その ことは 聞いて ほしくない。（＝聞かないで ほしい）
• 先生に この 文章を チェックして いただきたいです。

インターネットで 調べたら どうですか。

Why don't you look it up on the Internet? / Tìm trên internet thử xem sao?

～たら どう／いかがですか

why don't you ~ / ~ xem sao / thế nào?

• 先生に 聞いて みたら どうですか。
• 少し 休んだら いかがですか。

すみませんが、この 辺に コンビニは ありませんか。

Excuse me, are there any convenience stores in this area? / Xin lỗi, quanh đây có cửa hàng tiện lợi không ạ?

| ～が／け(れ)ど、… | This expresses something said as a preface. / Thể hiện lời mở đầu（前置きを表す。）

- もしもし、こちらは Ａ社の 田中ですが、リンさんを お願いします。
- ちょっと 教えて ほしい ことが あるんですが…。
- 映画の チケットが ２枚 あるんだけど、いっしょに 行かない？

れんしゅう

もんだい１ （　　）に 何を 入れますか。１・２・３・４から いちばん いい ものを 一つ えらんで ください。

① 早く 夏休みに （　　）。

　　１　来たい　　　　２　なりたい　　　３　来てほしい　　４　なってほしい

② すみません、もう少し ゆっくり 言って （　　）か。

　　１　いただきません　　　　　　　　２　いただけません

　　３　もらいません　　　　　　　　　４　もらわないでしょう

③ Ａ「あしたの 日曜日、何も する ことが ありません。」

　　Ｂ「動物園にでも （　　） どうですか。一人でも 楽しいですよ。」

　　１　行くのが　　　２　行くのに　　　３　行ったら　　　４　行くなら

もんだい２ ＿＿★＿＿に 入る ものは どれですか。１・２・３・４から いちばん いい ものを 一つ えらんで ください。

④ Ａ「田中先生って、何さい くらいかな。」

　　Ｂ「年は 聞かないで ＿＿＿＿ ＿＿＿＿ ＿＿★＿＿ ＿＿＿＿と 思うよ。」

　　１　から　　　　　２　わかくない　　３　と言っていた　４　ほしい

⑤ 母親「ケンちゃん、今日、どこへ 行きたい？」

　　ケン「＿＿＿＿ ＿＿＿＿ ＿＿★＿＿ ＿＿＿＿から 本屋へ 行きたい。」

　　１　買って　　　２　がある　　　３　ほしい　　　４　本

（答えは 61 ページ）

いただけ

57ページの答え：①４　②３　③４　④3→2→★1→4　⑤3→1→★4→2

6日目　今日は お酒を 飲まない つもりです。

Q.（　）に入るのは？
来年は N3 を（　　）
と 思っています。

受けましょう　受けよう　受けろ

まだ N4 に 受かって ないのに？

おぼえましょう

田中さんは 明日は 来ないと 言って いましたよ。

Tanaka-san was saying that he won't be coming tomorrow. / Anh / chị Tanaka đã nói là ngày mai không đến đấy.

～と／って 言う　" って " is used in spoken language. / " って " là văn nói （「って」は話し言葉）

- 天気予報で、明日は 寒いと 言って いました。
- 医者に 酒は 飲むなと 言われました。
- 父に 今日は 早く 帰って 来いって 言われた。

～と 思う　I think ~ / nghĩ là ~

- 田中さんは もう 帰ったと 思います。
- 試験に 受かったと 思います。

飲みに 行こう！

Let's go get some drinks!
Đi uống nào!

V よう　This is a casual form of "V ましょう" that is used between friends. / Cách nói thân mật của "V ましょう". Dùng trong hội thoại với bạn bè ngang hàng. （「V ましょう」のカジュアルな言い方。友達同士の会話などで使う。）

*する→しよう　来る→来よう

⇨ p. 113

- A「明日の 日曜日、映画に 行こうよ。」B「いいね、何を 見ようか。」
- 疲れたから、ちょっと 休もう。
- おなかが すいたね。何か 食べよう。

明日 買い物に 行こうと 思って います。

I think I'll go shopping tomorrow. / Ngày mai, tôi định đi mua sắm.

V ようと 思う　This expresses one's intent. / Thể hiện ý chí. （意志を表す。）

- 新しい 自転車を 買おうと 思って います。
- 明日は 日曜日なので ゆっくり 寝ようと 思います。

V つもり	plan to V / dự định V

This expresses one's plans or intentions. / Thể hiện dự định và ý chí mạnh mẽ. （予定や強い意志を表す。）

- 私は 来年 日本に 留学するつもりです。
  わたし　らいねん　にほん　　りゅうがく
- これから デパートに 行きますが、見るだけで 何も 買わないつもりです。
  　　　　　　　　　　　　い　　　　　　み　　　　　　なに　か
- 私は、大学に 行くつもりは ありません。　　　＊つもりません
  わたし　　だいがく　　い

※ " 行くつもりはありません " expresses a stronger intent than " 行かないつもりです." / "「行くつもりは ありません
(không có ý định đi)" thể hiện ý chí mạnh hơn " 行かないつもりです (dự định không đi)". (「行くつもりは ありません」
は「行かないつもりです」より強い意志を表す。)

れんしゅう

もんだい１ （　　）に 何を 入れますか。１・２・３・４から いちばん いい ものを
　　　　　　一つ えらんで ください。

① 太って きたので、ダイエットを （　　）と 思って います。
　ふと　　　　　　　　　　　　　　　　　　　おも

　　１　すろう　　　　２　しろう　　　　３　するよう　　　４　しよう

② 天気予報で、あしたは 午後から （　　）と 言って いました。
　てんきよほう　　　　　　ごご

　　１　はれる　　　　２　はれよう　　　３　はれろう　　　４　はれそう

③ A「どうする？ タクシーで 行く？」

　　B「時間が あるから、歩いて （　　）よ。」
　　　　じかん　　　　　　　　ある

　　１　行こう　　　　２　行っちゃった　３　行かないつもり　４　行っとく

もんだい２ ＿★＿に 入る ものは どれですか。１・２・３・４から いちばん いい
　　　　　　ものを 一つ えらんで ください。

④ A「それ、新しい バッグですね。」

　　B「ええ、買わない＿＿＿ ＿＿＿ ＿★＿ ＿＿＿ しまいました。」

　　１　つもりでした　２　買って　　　　３　が　　　　　　４　ほしくなって

⑤ A「山田君、よく 休みますね。」
　　　　やまだくん

　　B「そうですね。＿＿＿ ＿＿＿ ＿★＿ ＿＿＿ 思って いますが。」
　　　　　　　　　　　　　　　　　　　　　　　　おも

　　１　言おうと　　　２　休むな　　　　３　って　　　　　４　もう

（答えは 64 ページ）
　こた

59 ページの答え：①４　②２　③３　④４→３→★１→２　⑤１→３→★４→２

受けよう
う

7日目 まとめ問題

Review Test /
Bài tập tổng hợp

時間：20分

点数
てんすう

／100

（答えは別冊 p. 3）

もんだい1　（　　）に 何を 入れますか。1・2・3・4から いちばん いい
ものを 一つ えらんで ください。　　　　　　　　　5点×10問

1　これは 花を 切る（　　）使う はさみです。

　1　ように　　　　　2　ための　　　　　3　ので　　　　　4　のに

2　A「頭が いたくて 寝られない。」
　　B「薬を（　　）どう？」

　1　飲んでみたら　　　　　　　　　2　飲んどいて

　3　飲んじゃうなら　　　　　　　　4　飲んでいれば

3　A「すみません、ちょっと 聞いて（　　）ことが あるんですが…。」
　　B「はい、なんでしょうか。」

　1　いただける　　2　いただきたい　　3　もらえる　　　4　くれたい

4　だれから（　　）か おぼえて いないけれど、その ことは わたしも
　　知って います。

　1　聞く　　　　　2　聞いた　　　　　3　聞こえた　　　4　聞けた

5　日本に 住んで（　　）、日本語を 使う チャンスが あまり ありません。

　1　いるのに　　　2　いるので　　　3　いたところに　　4　いるところが

6　　リン「弟さん、もうすぐ 大学、卒業ですね。会社、きまりましたか。」
　　ジョン「それが、会社に つとめる（　　）って 言って、ギターばかり
　　　　　　ひいて いて…。」

　1　ことがない　　　　　　　　　　2　ことにならない

　3　つもらない　　　　　　　　　　4　つもりはない

7　A「ねえ、もう少し 太った ほうが いいんじゃない？」
　　B「ぼくも 太りたいんだけど、いくら（　　）太れないんだよ。」

　1　食べるのは　　　2　食べるのに　　　3　食べても　　　4　食べようとして

8 きのう、早く（　　）と 思ったけれど、なかなか 寝られなかった。

1　寝ろ　　　　　　2　寝よう　　　　　3　寝るつもり　　　4　寝てしまった

9 母親「学校を やめちゃって、これから どうするの?」

息子「何度も 同じことを（　　）。」

1　聞かないでほしい　　　　　　　2　聞かないでほしくない

3　聞かなくてはいけない　　　　　4　聞かないといい

10 A「トムさんが 入院したって、ジョンさんが 言って いましたよ。」

B「（　　）、学校にも 来て いなかったのね。」

1　だから　　　　　2　それじゃ　　　3　だけど　　　　4　ところが

もんだい2 ＿＿★＿＿ に 入る ものは どれですか。1・2・3・4から いちばん いい ものを 一つ えらんで ください。

5点×3問

11 中村「山田さんに 注意した そうですね。」

田中「ええ、本当は ＿＿＿＿ ＿＿＿＿ ＿★＿ ＿＿＿＿ 言って おいた ほうが いいと 思って。」

1　つもり　　　　　　　　　　2　だったんですが

3　言わない　　　　　　　　　4　やっぱり

12 A「となりの 家族、犬と いっしょに 旅行に 行ったよ。」

B「そう。いつも 犬が ＿＿＿＿ ＿＿＿＿ ＿★＿ ＿＿＿＿と 思って たよ。」

1　しずかなので　　2　へんだ　　　　3　うるさい　　　4　のに

13 A「足、どうしたんですか。ちが 出て いますよ。」

B「＿＿＿＿ ＿＿＿＿ ＿★＿ ＿＿＿＿ しまって…。」

1　電車に乗ろうと　　　　　　2　走ったら

3　ころんで　　　　　　　　　4　思って

もんだい3 [14] から [18] に 何を 入れますか。文章の 意味を 考えて、1・2・3・4から いちばん いい ものを 一つ えらんで ください。

下の 文章は ジョンさんが 書いた 作文です。　　　　　　　　7点×5問

「日本語の 勉強」

ジョン・ホワイト

　ぼくは 日本語の 勉強を して います。学校でも 習って いますが、土曜日に 近くに 住む 日本人の 先生に 教えて もらって います。

　漢字を [14]、オーストラリア人の ぼくに とって たいへんです。先生に 日本の 小学生が 読む 本を もらったので、毎日 すこしずつ 読むように して います。 [15]、漢字の 読み方が わからないと、それを [16] 時間が かかります。しらべても わからない ことも たくさん あります。そんな ときは、先生に メールして 聞くように して います。

　ぼくは これから 日本の 文化を [17] と 思って います。いつか 日本に 行って、神社や 寺を 見たいです。テレビで オーストラリア人が 日本で ホームステイして いる[18]、日本の 生活も 経験したいと 思いました。

---

[14]　1　おぼえることを　　　　　　2　おぼえることに

　　　3　おぼえるのは　　　　　　　4　おぼえるのには

[15]　1　それから　　2　だから　　3　それでは　　　4　けれども

[16]　1　しらべるか　　　　　　　　2　しらべるかどうか

　　　3　しらべるのに　　　　　　　4　しらべるのを

[17]　1　勉強しよう　　　　　　　　2　勉強してほしい

　　　3　勉強しましょう　　　　　　4　勉強するつもり

[18]　1　のが見えて　　　　　　　　2　のが見られて

　　　3　のを見て　　　　　　　　　4　のを見られて

61ページの答え：①4　②1　③1　④1→3→★4→2　⑤4→2→★3→1

第**4**週
だい　しゅう

文法を勉強しましょう④
ぶんぽう　　べんきょう

Let's study grammar. ④ / Hãy học ngữ pháp ④

第四週

1日目 夏休みに なったら、国に 帰ります。

おぼえましょう

雨が 降ったら、明日の 試合は 中止です。

If it rains, tomorrow's game will be cancelled. / Nếu trời mưa, trận đấu ngày mai sẽ bị hủy.

"〜たら…", "〜ば…", "〜なら…" and "〜と…" express ... holding true given 〜 conditions. / "〜たら…", "〜ば…", "〜なら…", "〜と…" thể hiện việc sẽ xảy ra với 〜 là điều kiện. (「〜たら…」「〜ば…」「〜なら…」「〜と…」は、〜を条件として、…が成り立つことを表す。)

～たら…　過去形 (past tense verb / Thể quá khứ) ＋ら

This is often used in the form "もし〜たら…" / Thường dùng với hình thức "もし〜たら…." (「もし〜たら…」の形でよく使う。)

- 暑かったら、エアコンを つけて ください。
- もし 大きい 地震が 起きたら、どうしますか。

～ば／なら…　「ば形」　＊いい→よければ　　⇨ p. 114

- 安ければ 買いますが、高いので 買いません。
- タクシーで 行けば、間に合うでしょう。
- 明日 雨なら 試合は 中止です。
- きらいなら、食べなくても いいですよ。

～なら…　普通形 (normal form / thể thông thường) ＋なら

"…" expresses the judgment or wishes of the speaker. / Phần "……" thể hiện sự phán đoán hay hi vọng v.v. của người nói. (「…」の部分は、話し手の判断や希望などを表す。)

- ここから 東京駅に 行くなら、地下鉄が 便利です。
- あなたが 行かないなら、私も 行きません。

～と…　過去形以外の普通形 (normal form aside from the past form / thể thông thường ngoài thể quá khứ) ＋と

"…" expresses the same circumstance or results as usual occurring. / Phần "....." thể hiện việc tình trạng hay kết quả giống nhau luôn xảy ra. (「…」の部分はいつも同じ状態や結果が起こることを表す。)

- この ボタンを 押すと、ドアが 開きます。
- ここを 右に 曲がると、銀行が あります。

夏休みに なったら、国に 帰ります。

Once summer vacation gets here, I'm going back to my country. / Đến kỳ nghỉ hè là tôi về nước.

"〜たら…" and "〜なら…" can also express "〜の とき…," "〜の あと…" and "〜の 場合…." In this instance, they cannot be replaced with "〜と…" / Có khi "〜たら…", "〜なら…" thể hiện ý "khi~ thì….", "sau khi ~", "trong trường hợp ~ thì….". Trong trường hợp này, không thể chuyển sang "〜と…". (「〜たら…」「〜なら…」は「〜の とき…、〜の あと、〜の 場合…」という意味を表すこともある。この場合、「〜と…」に言い換えることはできない。)

- お湯が わい**たら**、めんを 入れて ください。　　　　＊めん noodles / sợi mì (bún, v.v.)
- コンビニへ 行く**なら**、サンドイッチを 買って きて ください。
- ラーメン**なら**、駅前の ラーメン屋が おいしいですよ。

れんしゅう

もんだい1　（　　）に 何を 入れますか。1・2・3・4から いちばん いい ものを 一つ えらんで ください。

① もし （　　）、まどを 開けて ください。

1　暑いと　　　　2　暑いったら　　　3　暑ければ　　　4　暑かったなら

② 中国に （　　）、お茶を 買って きて ください。

1　行くと　　　　2　行けば　　　　3　行くなら　　　4　行くところ

③ A「すみません、この へんに コンビニは ありませんか。」

　B「その かどを 右に まがって 少し （　　）、右に ありますよ。」

1　行くと　　　　2　行くなら　　　　3　行くところ　　　4　行ったと

もんだい2　★ に 入る ものは どれですか。1・2・3・4から いちばん いい ものを 一つ えらんで ください。

④ A「もうすぐ、試験の 結果が わかりますね。」

　B「はい。もし ＿＿＿＿ ＿＿＿＿ ★ ＿＿＿＿です。」

1　来年も　　　　2　つもり　　　　3　受ける　　　　4　受からなかったら

⑤ 夫「ちょっと、本屋に 行って くるよ。」

　妻「あ、そう。出かける ＿＿＿＿ ＿＿＿＿ ★ ＿＿＿＿?」

1　たまごを買ってきて　　　　　　2　なら

3　帰りに　　　　　　　　　　　　4　くれない

（答えは 69 ページ）

2日目　明日は 天気が よさそうです。
あした　てんき

元気なそうな
元気そうな
元気だそうな
かわいくない！

Q.（　）に入るのは？
はい
（　）赤ちゃん
あか
ですね。

おぼえましょう

主人は 最近、疲れて いるようです。
しゅじん　さいきん　つか

My husband seems to be tired lately. / Gần đây chồng tôi có vẻ mệt mỏi.

| ～ようだ | ～みたいだ | This expresses a guess. / Thể hiện sự phỏng đoán.（推量を表す。）|

- 道路が ぬれて いるから、雨が 降ったようですね。
どうろ　　　　　　　あめ　ふ
- この パソコン、変です。こわれて いるみたいです。
へん

雨が 降りそうです。
あめ　ふ

It looks like it's going to rain.
Trời có vẻ sắp mưa.

| ～そうだ |

① This expresses the status, condition or expectations one feels after seeing something. / Thể hiện tình trạng, trạng thái hay dự đoán sau khi nhìn và cảm nhận.（見て感じた様子や状態、また予想などを表す。）

- 元気そうな 赤ちゃんですね。　＊元気なそう
げんき　　　　あか
- 明日は 天気が よさそうですよ。　＊いい→よさそう
あした　てんき
- 留学生は これから もっと 増えそうです。
りゅうがくせい　　　　　　　　　ふ

② This expresses a something one has heard from other people. / Thể hiện sự truyền đạt.（伝聞を表す。）

- 天気予報に よると、午後から 雨が 降るそうですよ。
てんきよほう　　　　　ごご　　あめ　ふ
- 田中さんの お父さんは 元気だそうです。
たなか　　　とう　　　　げんき

今日は 午後から 雨が 降るでしょう。
きょう　ごご　　　あめ　ふ

Today, it will probably rain starting in the afternoon. / Hôm nay hẳn là trời sẽ mưa từ chiều.

| ～でしょう | ～だろう | This expresses conjecture. / Thể hiện sự phỏng đoán.（推量を表す。）|

- トムさんは たぶん 試験に 受かるでしょう。（＝受かると 思います）
しけん　う　　　　　　　う　　　おも
- 弟は もうすぐ 結婚するだろう。（＝結婚すると 思う）
おとうと　　　　　　けっこん　　　　　けっこん　　　おも

来年、東京に 転勤に なるかもしれません。
らいねん　とうきょう　　てんきん

Next year, I may be tranferred to Tokyo office. / Sang năm, có lẽ tôi sẽ chuyển sở làm đến Tokyo.

| ～かもしれない | may ～ / Có lẽ ～ |

This expresses the possibility of ～. / Thể hiện việc có khả năng của ～（～の可能性があることを表す。）

- 寒いですね。今晩、雪が 降るかもしれませんよ。
  さむ　　　こんばん　ゆき　　ふ

- どうしよう。さいふを どこかに 落としたかもしれない。
  　　　　　　　　　　　　　　　お

- 仕事で 今日は 家に 帰れないかもしれない。
  しごと　きょう　いえ　かえ

れんしゅう

もんだい1　（　　）に 何を 入れますか。1・2・3・4から いちばん いい ものを 一つ えらんで ください。

① この ライオン、まだ 赤ちゃん（　　）ですね。
　　　　　　　　　　　　　　あか

　　1　よう　　　　　　2　そう　　　　　　3　のよう　　　　4　のそう

② この パソコン、何か 変だ。こわれて（　　　　）。
　　　　　　　　　　　　へん

　　1　いるそうだ　　2　かもだ　　　　3　いようだ　　　4　いるかもしれない

③ A「リンさん、中国に（　　）ね。」
　　　　　　　　　ちゅうごく

　　B「ええ、1週間ぐらい 前に。さびしく なりましたね。」

　　1　帰るみたいです　2　帰りそうです　3　帰ったでしょう　4　帰ったそうです
　　　　かえ　　　　　　　　かえ　　　　　　　かえ　　　　　　　かえ

もんだい2　＿＿★＿＿に 入る ものは どれですか。1・2・3・4から いちばん いい ものを 一つ えらんで ください。

④ ニュースで、ベトナムからの ＿＿＿＿ ＿＿＿＿ ＿★＿ ＿＿＿＿ 言って いました。

　　1　これからもっと　2　だろうと　　3　留学生は　　　4　ふえる
　　　　　　　　　　　　　　　　　　　りゅうがくせい

⑤ 妻「今日、洗濯、どうしようかな。」
　つま　きょう　せんたく

　　夫「あしたは 天気が 悪い ＿＿＿＿ ＿＿＿＿ ＿★＿ ＿＿＿＿ ほうが いいよ。」
　　おっと　　　　　てんき　わる

　　1　みたい　　　　2　しておいた　　3　今日　　　　4　だから

元気そうな
げんき

（答えは 71 ページ）
　こた

67ページの答え：①3　②3　③1　④4→1→★3→2　⑤2→3→★1→4
　　　　こた

3日目　この 本は 使いやすいです。

ほん　つか

おぼえましょう

この ぼうしは 私には 小さすぎます。
わたし　　　ちい

This hat is too small for me. / Cái nón này quá nhỏ với tôi.

～すぎる　＊ V ~~ます~~すぎる　i-A ~~い~~すぎる　na-A ~~な~~すぎる

This expresses that something is too much of something and is not appropriate. / Thể hiện sự quá độ, không phù hợp. (程度を超えていて、適切ではないことを表す。)

- きのう、お酒を <u>飲みすぎて</u>、頭が いたい。
  さけ　　の　　　　　あたま
- 漢字は <u>多すぎて</u> 覚えられません。
  かん じ　　おお　　　　おぼ

この ペンは 書きやすいです。
か

This pen is easy to write with.
Cây viết này dễ viết.

V やすい　＊ V ~~ます~~やすい

① easy to ~ / có thể ~ một cách dễ dàng. (かんたんに～できる)

- 田中先生の 説明は <u>わかりやすい</u>です。
  た なかせんせい　　せつめい
- この くつは じょうぶで <u>はきやすい</u>。

② can ~ easily / ~ ngay lập tức (すぐに～してしまう)

- その ワイングラスは うすくて <u>割れやすい</u>から、気をつけて。
  わ　　　　　　　　き

V にくい　＊ V ~~ます~~にくい

① cannot easily ~ / không thể ~ một cách dễ dàng (かんたんに～できない)

- この 地図は、小さくて <u>わかりにくい</u>です。
  ち ず　　ちい
- カタカナが 多いと、<u>読みにくい</u>。
  おお　　　よ

② is hard to ~ / mãi không ~ được (なかなか～しない)

- この紙は じょうぶで <u>やぶれにくい</u>。
  かみ

午後から 雨が 降り出しました。

It started raining in the afternoon.
Từ buổi chiều, trời bắt đầu đổ mưa.

| V 出す | start V / bắt đầu V | * V <del>ます</del>出す |

・赤ちゃんが 急に 泣き出した。（＝泣き始めた）

| V 終わる | finish V / V xong | ↔ V 始める | * V <del>ます</del>終わる |

・ご飯を 食べ終わるまで、待って いて ください。

| V 続ける | continue V / tiếp tục V | * V <del>ます</del>続ける |

・1週間、この 薬を 飲み続けて ください。

れんしゅう

もんだい1 （　）に 何を 入れますか。1・2・3・4から いちばん いい ものを 一つ えらんで ください。

① きのう、歩き（　）、足が いたいです。

　　1　すぎて　　　　2　つづいて　　　3　だして　　　　4　はじめて

② 安い パソコンは こわれ（　）って 聞きましたが、だいじょうぶでしょうか。

　　1　すぎる　　　　2　だす　　　　　3　やすい　　　　4　にくい

③ A「この カニ、おいしいですね。」

　　B「そうですか。食べ（　）し、わたしは あんまり 好きじゃ ありません。」

　　1　やすい　　　　2　にくい　　　　3　はじめる　　　4　おわらない

もんだい2 ＿★＿に 入る ものは どれですか。1・2・3・4から いちばん いい ものを 一つ えらんで ください。

④ 医者「足は どうですか。まだ いたいですか。」

　　患者「そうですね、＿＿＿　＿＿＿　＿★＿　＿＿＿けれど、今は だいじょうぶです。」

　　1　ずっと　　　　2　いたくなる　　　3　歩きつづける　　4　と

⑤ 歌を ＿＿＿　＿＿＿　＿★＿　＿＿＿が 楽しく なりました。」

　　1　毎日　　　　　2　はじめて　　　3　から　　　　4　習い

（答えは 73 ページ）

69 ページの答え：①3　②4　③4　④3→1→★4→2　⑤1→4→★3→2

から

第4週　文法を勉強しましょう④

4日目 会社を やめさせられました。
（かいしゃ）

Q.（　）に入るのは？
友だちに（　　　）、
パーティーに行きました。

さそわせて
さそられて
さそわれて

だれもぼくを
さそってくれない。

おぼえましょう

私は よく 母に しかられました。
（わたし）（はは）

I was often scolded by my mother.
Tôi thường bị mẹ mắng.

| Ｖ られる | 受身形 | passive form / thể thụ động | ⇨ p. 115 |
（うけみけい）

* する→される

- 外国人に 道を **聞かれました**。
（がいこくじん）（みち）（き）
- 日本では、医者や 弁護士は「先生」と **呼ばれて** います。
（にほん）（いしゃ）（べんごし）（せんせい）（よ）

※ When stating a fact, the passive voice is often used with a physical object as the subject. / Khi nói sự thật, thường dùng thể thụ động với đồ vật làm chủ ngữ.（事実を言うとき、物を主語にして受身形を使うことがよくある。）

- その 歌は、世界中で **歌われて** います。
（うた）（せかいじゅう）（うた）
- 入学式は、この ホールで **行われます**。
（にゅうがくしき）（おこな）
　　　　　　　　　　　　　　　　　　*入学式 school entrance ceremony / lễ nhập học
　　　　　　　　　　　　　　　　　　（にゅうがくしき）

その 先生は 学生に 日本語の 日記を 書かせます。
（せんせい）（がくせい）（にほんご）（にっき）（か）

That teacher makes her students write journals in Japanese. / Thầy / cô đó bắt học sinh viết nhật ký bằng tiếng Nhật.

| Ｖ させる | 使役形 | causative form / thể sai khiến | ⇨ p. 115 |
（しえきけい）

* する→させる

This expresses forcing or allowing someone to do something. / Thể hiện việc buộc ai đó làm hay chấp nhận một hành vi nào đó.（だれかにある行為を強制したり、容認したりすることを表す。）

- 部長は、熱が ある 社員を **休ませました**。
（ぶちょう）（ねつ）（しゃいん）（やす）
- 公園で 犬を **走らせましょう**。
（こうえん）（いぬ）（はし）

| Ｖ させられる | 使役受身形 | causative passive form / thể sai khiến thụ động | ⇨ p. 116 |
（しえきうけみけい）

* する→させられる

This expresses being forced to do something and doing it. / Thể hiện việc bị bắt làm hành vi đó.（強制されてその行為をすることを表す。）

- 子どもの ころ、毎日 母に 野菜を **食べさせられました**。
（こ）（まいにち）（はは）（やさい）（た）
- 彼は、コーチに 毎日 **練習させられて**、強く なりました。
（かれ）（まいにち）（れんしゅう）（つよ）

ノートを コピーさせて ください。
Please let me copy your notes.
Hãy cho tôi copy lại vở.

| ～させて ください |

This is used when asking for permission to do something. / Dùng khi xin phép làm một hành vi nào đó. （ある行為の許可を得るときに使う。）

- お手洗いを **使わせて ください**。
- 疲れた。ちょっと **休ませて**。
- 私に **説明させて ください**。

れんしゅう

もんだい1 （　　）に 何を 入れますか。1・2・3・4から いちばん いい ものを 一つ えらんで ください。

① おもしろそうな ゲームね。わたしにも （　　）。

　1　やられて　　　2　やらせて　　　3　やらされて　　4　されて

② 子どもの とき、犬に （　　） ことが あります。

　1　ほえた　　　　2　ほえさせた　　3　かまれた　　　4　かまられた

③ A「元気そうな お子さんですね。」

　B「ええ、でも 赤ちゃんの ときは 病気ばかり して、よく 心配（　　）。」

　1　されました　　2　させました　　3　さられました　4　させられました

もんだい2　＿★＿に 入る ものは どれですか。1・2・3・4から いちばん いい ものを 一つ えらんで ください。

④ A「この いすは、すわりやすいですね。」

　B「これは、＿＿＿　＿＿＿　＿★＿　＿＿＿ですよ。」

　1　使われている　　　　　　　2　ものだ

　3　ヨーロッパの学校で　　　　4　そう

⑤ A「山田さん、店を やめたんですか。」

　B「ちこくが ＿＿＿　＿＿＿　＿★＿　＿＿＿よ。」

　1　多かった　　　　　　　　　2　ので

　3　と聞いています　　　　　　4　やめさせられた

（答えは 75 ページ）

| 71ページの答え：①1　②3　③2　④1→3→★4→2　⑤4→2→★3→1 |

第4週　文法を勉強しましょう④

5日目　かぎが かかって います。

Q.（　）に入るのは？
その店は 24時間
（　　　）。」

開けてあります

開いてあります

開いています

便利だね〜。

おぼえましょう

だれが コップを 割りましたか。	Who broke the cup? / Ai đã làm vỡ cốc?

他動詞 （transitive verb / Tha động từ） ＊＜人＞が／は＜もの＞を＜他動詞＞する	自動詞 （intransitive verb / Tự động từ） ＊＜もの＞が＜自動詞＞する
＜人が＞コップを 割る	コップが 割れる
＜人が＞火を 消す	火が 消える
＜人が＞ドアを 閉める	ドアが 閉まる
＜人が＞授業を 始める	授業が 始まる

⇨ p. 117

- 危ないから、ろうそくを 消しますよ。／ろうそくの 火が 消えました。
- ドアを 閉めて ください。／＜駅で＞ドアが 閉まります。ご注意ください。
- さあ、授業を 始めましょう。／毎日 9時に 授業が 始まります。

窓が 閉まって います。	The window is closed. Cửa sổ đang đóng.

V（自動詞）て いる	This expresses the circumstance of remaining effects. / Thể hiện trạng thái mà kết quả còn lại.（結果が残っている状態を表す。）

- 会議室は、かぎが かかって います。
- 弟は 今 出かけて います。

＊ V て いない expresses that a certain action has not been completed yet. / "V て いない (không / chưa V)" thể hiện sự chưa hoàn thành.（「V て いない」は未完了を表す。）

- 宿題は まだ 終わって いません。

V（他動詞）て ある	This expresses the state after having done something with a particular purpose. / Thể hiện trạng thái sau khi làm gì đó với mục đích nào đó.（ある目的で何かをしたあとの状態を表す。）

- テーブルの 上に 花が かざって あります。
- おさらは、ぜんぶ 洗って あります。
- その 本には、使い方が 書いて ありません。

だんだん 寒く なって きました。

It's gotten colder.
Trời dần dần trở nên lạnh.

| Ｖ て くる | get V, come to V / V đến |
| Ｖ て いく | V more and more / V đi |

This expresses movement, change, continuation or beginning in relation to one's current point. / Lấy nơi mình đang ở (đứng) hay hiện tại làm gốc, thể hiện sự di chuyển, thay đổi, tiếp tục, bắt đầu v.v. (自分のいる場所や現在を起点として、移動、変化、継続、始まりなどを表す。)

• 雨が 降って きました。　　• これから もっと 寒くなって いくでしょう。
• Ａ「コンビニに 行って 来るね。」　Ｂ「じゃ、パンも 買って きて。」

れんしゅう

もんだい１　（　　）に 何を 入れますか。１・２・３・４から いちばん いい ものを 一つ えらんで ください。

① ここに 車を （　　） おいても、だいじょうぶですか。

　　１　とめ　　　　　２　とめて　　　　３　とまり　　　４　とまって

② この間の 地しんで 家が （　　） しまった 人が たくさん います。

　　１　こわして　　　２　こわれて　　　３　やいて　　　４　やかして

③ 家の かぎを （　　）のを わすれて しまいました。

　　１　かかっていく　２　かかってきた　３　かけてくる　４　かけてきた

もんだい２　＿★＿に 入る ものは どれですか。１・２・３・４から いちばん いい ものを 一つ えらんで ください。

④ Ａ「今日は、いい 天気で 気持ちが いいですね。」

　　Ｂ「そうですね。でも これから ＿＿＿ ＿＿＿ ＿★＿ ＿＿＿でしょう。」

　　１　夏になるから　　　２　いく　　　　　３　暑くなって　　４　どんどん

⑤ Ａ「ジョンさんの メールアドレス、わかる？」

　　Ｂ「＿＿＿ ＿＿＿ ＿★＿ ＿＿＿と 思うよ。」

　　１　めいしに　　　２　書いて　　　　３　もらった　　　４　あった

開いています

（答えは 77 ページ）

73ページの答え：①２　②３　③４　④３→１→★２→４　⑤１→２→★４→３

6日目　試験に 受からないかなあ。
しけん　　う

おぼえましょう

どうして パーティーに 行かないんですか。

Why aren't you going to the party? / Tại sao bạn không đi tiệc?

| ～んです |
| ～のです |

This is used when asking about something or giving an explanation or reason about something. In conversation, "~n desu" is used more often than "~no desu." / Dùng khi hỏi sự tình hay trình bày lý do, giải thích. Trong hội thoại, thường dùng " ～んです " hơn " ～のです ". (事情を聞いたり説明や理由を述べるときに使う。会話では、「～のです」より「～んです」をよく使う。)

• A「どうした**ん**で**す**か。」

　B「ちょっと、頭が いた**いんです**。」
　　　　　　　あたま

* In casual conversation, " ～の？ " is used for questions, while " ～んだ。／～の。 "is used for statements. " ～の ." is most often used by women. / Trong hội thoại thông thường sẽ là " ～の？", " ～んだ。／～の。". Phần lớn, nữ giới thường dùng " ～の。". (カジュアルな会話では、「～の？」「～んだ。／～の。」になる。「～の。」は女性が使うことが多い。)

• A「パーティーに 行か**ない**の？」
　　　　　　　　　　い

　B「ちょっと 用事が あ**るんだ**。」
　　　　　　　ようじ

トムさんの おねえさん、きれいだなあ。

Tom-san's sister sure is pretty.
Chị gái của anh Tom đẹp quá nhỉ.

| ～なあ。 | This expresses surprise or emotion. / Thể hiện sự ngạc nhiên, cảm động. (驚きや感動を表す。) |

• 試験、むずかしかった**なあ**。
　しけん

• よく 食べる**なあ**。
　　　た

| ～ね。 | This expresses agreement or confirmation. / Thể hiện sự đồng ý, xác nhận. (同意や確認を表す。) |

• いい 天気です**ね**。
　　　てんき

• もうすぐ 試験です**ね**。
　　　　　しけん

| ～よ。 | This expresses emphasis or warning. / Thể hiện sự nhấn mạnh, chú ý. (強調や注意を表す。) |

• 雨が 降って います**よ**。
　あめ　ふ

• 漢字の テストは 明日です**よ**。
　かんじ　　　　　あした

試験に 受からないかなあ。

しけん う

I hope I'll pass the test.
Mong sao đậu kỳ thi.

～かな（あ）。 ／ ～かしら。

① This expresses feelings of unsureness. / Thể hiện tình cảm không chắc chắn. （不確かな気持ちを表す。）

• ここは どこ**かな**。　　　• 明日、雨が 降る**かしら**。
　　　　　　　　　　　　　　あした　あめ　　　ふ

② Used with a negative phrase, this expresses a wish or desire. / Dùng với từ phủ định, thể hiện nguyện vọng。（否定語と一緒に使って、願望を表す。）

• 早く 夏休みが 来ない**かなあ**。
　はや　なつやす　　　こ

※ " ～かしら " is mainly used by women, but women also often use " ～かな ." / " ～かしら " là từ của nữ giới nhưng nữ giới cũng thường dùng " ～かな （あ）". （「～かしら」は女性の言葉だが、女性も「～かな（あ）。」をよく使う。）

れんしゅう

もんだい1　（　　）に　何を　入れますか。1・2・3・4から　いちばん　いい　ものを　一つ　えらんで　ください。

① ジョンさん、どうして　学校を　休んだ（　　　）。

　1　なあ　　　　　　2　よなあ　　　　3　のかしら　　4　なの

② 早く　誕生日が　（　　　）。
　　　たんじょうび

　1　来るなあ　　　2　来たいなあ　　3　来ないなあ　　4　来ないかなあ

③ A「きのうの　ステーキ、おいしかった（　　　）。」

　B「どこで　食べたの？」

　1　か　　　　　　2　のか　　　　　3　なあ　　　　4　かなあ

もんだい2　★　に　入る　ものは　どれですか。1・2・3・4から　いちばん　いい　ものを　一つ　えらんで　ください。

④ A「おそかったですね。どう　しましたか。」

　B「朝、＿＿＿　＿＿＿　★　＿＿＿　だいじょうぶです。」

　1　ぐあいが　　　2　もう　　　　3　おなかの　　　4　悪かったんですが
　　　　　　　　　　　　　　　　　　　　　　　　　わる

⑤ A「あれ？　ケーキ、食べないの？」

　B「うん、＿＿＿　＿＿＿　★　＿＿＿ですよ。」

　1　今、ダイエット中　2　けれど　　3　食べたい　　　4　なん
　　　　　　ちゅう

（答えは80ページ）
　こた

75ページの答え：①2　②2　③3　④1→4→★3→2　⑤3→1→★2→4
　　　　　　こた

7日目　まとめ問題 Review Test /
もんだい Bài tập tổng hợp

時間：20分

点数
／100

（答えは別冊 p. 3）

もんだい1　（　）に　何を　入れますか。1・2・3・4から　いちばん　いい
　　　　　　ものを　一つ　えらんで　ください。　　　　　5点×10問

1　春に　なって、池の　氷が　（　）　きました。

　1　とかして　　　　2　とけて　　　　3　とかされて　　4　とかれて

2　この　そうじきは　大きくて　重いので、（　）。

　1　使いすぎます　　　　　　　　　　2　使いやすいです

　3　使いにくいです　　　　　　　　　4　使ってしまいます

3　A「この　りんご、本当の　りんごに　見えますね。」

　　B「そうですね。でも、（　）　すぐに　わかりますよ。」

　1　さわったら　　2　さわるなら　　3　さわられると　4　さわらなければ

4　ぼくは　子どもの　とき、ピアノを　（　）　いやだった。

　1　習われて　　　　2　習わせて　　　　3　習わせられて　　4　習われさせて

5　A「（　）ですが、何か　いい　ことが　ありましたか。」

　　B「いいえ、とくに　何も　ないですよ。」

　1　うれしそう　　　　　　　　　　　2　うれしいそう

　3　うれしくしてそう　　　　　　　　4　うれしくなりそう

6　母親「あれ、ソーセージが　なくなって　いるけど、食べちゃったの？」

　　子ども「お父さんが、ネコに　（　）　いたよ。」

　1　食べられて　　2　食べさせて　　3　食べさせられて　4　食べられさせて

7　A「となりの　家に　おまわりさんが　来て　いるね。何か　あったのかな。」

　　B「どろぼうが　（　）　よ。」

　1　入ったみたいだ　　　　　　　　2　入られたようだ

　3　入ったかもしれなかった　　　　4　入らせたそうだ

8 10時に　なっても、店が　開^あかないですね。今日は　（　　）。

1　休みそうです　　2　休むんです　　　3　休んだでしょう　4　休みのようです

9 ゆみ「トムさん、日本語が　上手ですね。」

トム「話すのは　とくい（　　）が、書くのは　本当^{ほんとう}に　できなくて…。」

1　でしょう　　　　2　になります　　　3　なんです　　　　4　にします

10 先生Ａ「これは、だれの　レポートでしょうか。」

先生Ｂ「名前が　（　　）から、わからないですよね。」

1　書かれません　　　　　　　　2　書かかないでいます

3　書いてありません　　　　　　4　書けてありません

もんだい2　＿＿★＿＿　に　入る　ものは　どれですか。1・2・3・4から　いちばん
　　　　　　いい　ものを　一つ　えらんで　ください。　　　　5点_{てん}×3問_{もん}

11 （会社で）

部長^{ぶちょう}「この　資料^{しりょう}だけど、この　グラフ、＿＿＿＿　＿＿＿＿　＿＿★＿＿　＿＿＿＿

　　　　大きく　して　みて。」

社員^{しゃいん}「わかりました。」

1　から　　　　　　　2　もう少し　　　3　小さすぎて　　4　見にくい

12 さっきまで　＿＿＿＿　＿＿＿＿　＿＿★＿＿　＿＿＿＿　急^{きゅう}に　雨が　降^ふり出した。

1　のに　　　　　　　2　空がくらく　　3　なってきて　　4　はれていた

13 Ａ「この　スカート、きつかったんだけど、買っちゃった。ダイエットしない

　　　と。」

Ｂ「どうして　ちょうど　いい　＿＿＿＿　＿＿＿＿　＿＿★＿＿　＿＿＿＿？」

1　の　　　　　　　　2　のを　　　　　　3　買わなかった　4　大きさ

もんだい３　　14 から　18 に　何を　入れますか。文章の　意味を　考えて、1・2・
　　　　　　3・4から　いちばん　いい　ものを　一つ　えらんで　ください。

下の　文章は　リンさんが　書いた　作文です。　　　　　　　　　　　　　7点×5問

「わたしの　母」

リン・メイ

　わたしの　母は　とても　きびしい　人でした。

　わたしが　まだ　子どもの　ときの　ことですが、電車に　乗った　とき、席が
あいても、「子どもは　立って　いなさい。」と　言って、14 くれませんでした。

　ごはんを　食べる　ときにも、「いただきます」「ごちそうさま」と　言うのを
忘れると、よく　母に　注意されました。また、「ぜったいに　ごはんを　残しては
いけない」と　言われ、わたしは　きらいな　野菜を　毎日　15 。

　大学生に　なるまで、友だちだけで　出かけるのは　だめだと　言われ、自由に
出かけている　友だちの　ことを　とても　うらやましいと　思いました。大学生 16 、
かなり　自分の　したい　ことが　できるように　なりましたが、母と　ずいぶん
けんかも　しました。けれども、母は　病気に　なってからは、おこる　元気も
17 でした。

　母は　3年前に　なくなりました。母に　おこられた　ことや　けんかした　ことを
よく　思い出しますが、わたしは　母に　きびしく　18 ことが　よかったと　思って
います。

　お母さん、ありがとう。

14　1　すわって　　2　すわられて　　3　すわらせて　　4　すわらせられて

15　1　食べさせました　　　　　　　2　食べさせられました
　　3　食べさせてもらいました　　　4　食べさせてくれました

16　1　になると　　2　なら　　3　になっても　　4　でも

17　1　なくなりそう　　　　　　　　2　なくなるそう
　　3　なくなるよう　　　　　　　　4　なくなったよう

18　1　そだってくれた　　　　　　　2　そだててくれた
　　3　そだてられた　　　　　　　　4　そだてさせた

---

77 ページの答え：①3　②4　③3　④3→1→★4→2　⑤3→2→★1→4

読む練習をしましょう

Let's practice reading. / Hãy luyện Đọc

1日目　メールやメモを読みましょう

重要なことばを見つけましょう！
じゅうよう　　　　　　　　み

Finding the important words! / Hãy tìm các từ quan trọng!

りんご
さとう
女の子

注意する表現
ちゅうい　ひょうげん

（本などを）　・**貸す** lend / cho mượn　　・**返す** return / trả lại　　・**借りる** borrow / mượn
　　ほん　　　　　か　　　　　　　　　　　　　　かえ　　　　　　　　　　　　　　か

（本などを）　・友だち**にあげる**　・友だち**からもらう**　・友だち**が**（私に）**くれる**
　　ほん　　　　　とも　　　　　　　　　　とも　　　　　　　　　　とも　　　　わたし

依頼表現 Phrases for making requests / cách nói nhờ cậy
いらいひょうげん

　　・地図をかい**てもらえませんか**。　　　・教え**ていただけませんか**。など
　　ちず　　　　　　　　　　　　　　　　　　　おし

にていることば Similar words / từ tương tự

　　・9時**までに**来てください。　　・9時**まで**います。など
　　じ　　　　き　　　　　　　　　　じ

じゅんびしましょう

つぎの会話文を読んで、あとの文から正しいものを選びましょう。（答えはつぎのページ）
かいわぶん　　　　　　　　ぶん　　　ただ　　　　　　えら　　　　　　　　こた

> リン：トムさん、このあいだ貸した本、持ってきてくれましたか。
> 　　　　　　　　　　　　か　　ほん　も
>
> トム：すみません。わすれてしまいました。
>
> リン：あさってまでに返してほしいんですが…。
> 　　　　　　　　　　かえ
>
> トム：わかりました。今日の夜、リンさんの家まで持って行きます。
> 　　　　　　　　　　きょう　よる　　　　　　いえ　　も　い
>
> リン：駅からの道、わかりますか。
> 　　　えき　　みち
>
> トム：このあいだは、ゆみさんに連れて行ってもらったので、よくおぼえていな
> 　　　　　　　　　　　　　　　つ　い
>
> 　　　　いんですが…。地図をかいてもらえますか。
> 　　　　　　　　　　ちず

☐1　リンさんは、トムさんに本を貸しました。
　　　　　　　　　　　　　　ほん　か

☐2　トムさんは、リンさんに本を借りました。
　　　　　　　　　　　　　　ほん　か

☐3　リンさんは、今日、本がいります。
　　　　　　　　きょう　ほん

☐4　トムさんは、リンさんの家に行ったことがあります。
　　　　　　　　　　　　　いえ　い

☐5　トムさんは、リンさんの家に行ったことがありません。
　　　　　　　　　　　　　いえ　い

（答えは別冊 p. 4）

つぎの文章を読んで、質問に答えてください。答えは、１・２・３・４から、いちばんいいものを一つえらんでください。

これは、トムさんからリンさんにとどいたメールです。

< ∧ ∨

From: トム
To: リンさん

リンさん
今日の夜、借りた本を返しに行くと言いましたが、行けなくなりました。すみません。学校から帰ってきてから体の調子が悪くて、今、ねつがあって、のどもいたいです。明日の朝、弟のジョンに、とどけてもらうことにしました。バイトの前に行くので、10時ごろになるそうですが、リンさんの都合はどうですか。
トム

これは、リンさんがトムさんに返信した(※1)メールです。

< ∧ ∨

From: リン
To: トムさん

トムさん
だいじょうぶですか。かぜでしょうか。
本は、ジョンさんが、とどけてくれるんですね。ありがとうございます。明日の午前中は、11時ごろまで家にいます。このあいだかいた地図ですが、ジョンさんにわたすのをわすれないでください。
トムさん、ゆっくり休んでください。お大事に。
リン

（※1）返信する reply / trả lời, hồi âm

① 明日の午前中、リンさんはどうしますか。

　　1　ジョンさんに、本を貸してもらいます。

　　2　ジョンさんに、本をわたします。

　　3　ジョンさんから、本を受け取ります。

　　4　ジョンさんに、本を返してあげます。

（左ページの答え→１・２・４）

2日目　説明文を読みましょう

💡「～ではないもの」を選ぶ問題に注意しましょう！

Be careful of questions that ask you to choose "something that is not ~."

Hãy chú ý những câu hỏi lựa chọn " ～ではないもの (không phải là ~)"!

1	りんご
2	ケーキ
3	テスト
4	アニメ

注意しましょう

★ Questions dealing with explanatory texts often include questions like "Which one is not Tanaka-san's job?" that use "something that is not ~." They are underlined, but be careful.

Những câu hỏi về câu giải thích, có câu hỏi lựa chọn " ～ではないもの (không phải là ~)" như "Việc nào không phải là công việc của anh / chị Tanaka?". Có gạch dưới, hãy chú ý.

（説明文についての質問には、「田中さんの仕事ではないものはどれですか。」のような、「～ではないもの」を選ぶ問題があります。下線が引いてありますが、注意しましょう。）

じゅんびしましょう

つぎの会話文を読んで、あとの文から正しいものを選びましょう。（答えはつぎのページ）

> 留学生：この近くで、わたしにできるボランティア(※1)がありますか。
>
> 女の人：そうね、そこの公園の植木の水やり(※2)やおそうじはどう？　特に夏は水やりをする人がいなくて困っているから。
>
> 留学生：それもいいですが、日本語を使いたいです。
>
> 女の人：じゃ、となりの田村さんのところに手伝いに行くのはどう？　田村さんは87さいで一人で住んでいるの。最近、家の中のことをするのがたいへんで、だれか手伝ってくれる人がほしいって言っていたから。そうじとか手伝ってあげたり、話を聞いてあげたりするといいんじゃない？

（※1）ボランティア volunteer / tình nguyện viên　（※2）水やり watering / tưới nước

☐ 1　留学生は、そうじをするのは好きではありません。

☐ 2　留学生は、日本語を話したいです。

☐ 3　田村さんの家は、公園の近くにあります。

☐ 4　田村さんは、家族と一緒に住んでいます。

☐ 5　田村さんは、家の中のことをだれかに手伝ってもらいたいです。

れんしゅう

つぎの（1）と（2）の文章を読んで、質問に答えてください。答えは、1・2・3・4から、いちばんいいものを一つえらんでください。

（1）

アリさんは、週に2回、となりの田村さんの家に行きます。田村さんは87さいで、一人で住んでいます。アリさんは、いろいろな手伝いをしています。キッチンやおふろのそうじをしたり、アイロンをかけたり（※1）します。田村さんと一緒に買い物や散歩に行くこともあります。田村さんと話をするのは、アリさんの日本語の勉強にもなります。

（※1）アイロンをかける iron (clothing, etc.) / ủi (đồ)

① アリさんがしていないことは、どれですか。

　　1　キッチンをきれいにします。

　　2　田村さんがおふろに入るのを手伝います。

　　3　田村さんと一緒に散歩に行きます。

　　4　田村さんと日本語で話しています。

（2）

山田さんは、自分の住む町のために、いろいろなことをしています。毎朝、信号のところに立って、小学生たちが安全に道路をわたるのを見ています。それから、駅前に置いてある自転車をきれいにならべます。日曜日の朝は、公園のゴミをひろったり、植木の水やりをしています。

② 山田さんが町のためにしていないことは、どれですか。

　　1　子どもたちが道路をわたるのを見ます。

　　2　公園のそうじをします。

　　3　公園の木や花に水をやります。

　　4　自転車を駅前まで持っていきます。

（左ページの答え→2・3・5）

第五週

3日目 案内板や注意書きを読みましょう

💡注意や禁止を表す表現に注意しましょう！

Be careful of warnings or things that are prohibited.
Hãy chú ý các cách nói thể hiện sự lưu ý và cấm đoán!

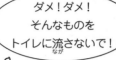

ダメ！ダメ！
そんなものを
トイレに流さないで！

注意する表現

- ～ないでください please do not ~ / Xin đừng ~：ここでたばこを吸わ**ないでください**。
- ～てはいけない must not ~ / Không được ~：ここでたばこを吸っ**てはいけません**。
- ～なければならない must ~ / Phải ~：勉強し**なければなりません**。
- ～てもいい may ~ / ~ cũng được：帰っ**てもいい**です。

じゅんびしましょう

つぎの会話文を読んで、あとの文から正しいものを選びましょう。(答えはつぎのページ)

男：今度、ふじやホテルのプールへ行きませんか。泊まっていなくても入れるそうですよ。

女：そうですか。知らなかったです。行きたいです。毎日暑くて、プールで泳ぎたいと思っていましたから。明日行きませんか。

男：えーっと、明日は月曜日ですよね。月曜日は休みだそうですよ。今度の土曜日はどうですか。

女：土曜日の午前中は、お料理教室があって、午後は友だちと買い物に行く約束をしているので…。

☐1　ふじやホテルのプールは、泊まっている人だけが入れます。

☐2　ふじやホテルのプールは、月曜日と土曜日が休みです。

☐3　男の人は、今度の土曜日にプールに行くことができます。

☐4　女の人は、料理教室に通っています。

☐5　女の人は、プールに行きたくありません。

（答えは別冊 p. 4）

つぎの案内板 (※1) を読んで、質問に答えてください。答えは、1・2・3・4から、いちばんいいものを一つえらんでください。

プールの使用について

● 時間：火曜日～金曜日12：00～16：00

土曜日と日曜日10：00～17：00

（月曜日はお休みです。）

プールに入る人は、かならず (※2) つぎのことを守って (※3) ください。

◆ 水着を着て、ぼうしをかぶること

（Tシャツなどの服を着てプールに入らないでください。）

◆ プールに入る前にシャワーをあびること

◆ オイル (※4) などは使わないこと

（※1）案内板 information guide / bảng hướng dẫn　（※2）かならず necessarily / nhất định
（※3）守る follow / bảo vệ, gìn giữ　（※4）オイル oil / dầu

① この案内板から、わかることは何ですか。

1　土曜日は、午前10時にプールに入ってはいけません。

2　日曜日は、午後5時からプールに入ってもいいです。

3　ぼうしは、かぶらなくてもかまいません。

4　シャワーをあびてから、プールに入らなくてはなりません。

（左ページの答え→3・4）

第五週

4日目 長めの文章を読みましょう①

質問に答えながら、読み進めていきましょう。

Answer the questions as you read.

Hãy vừa đọc tới vừa trả lời câu hỏi.

①の質問の答えはたいていこの中にあります。

〈もんだいの文章〉 〈しつもん〉
①・・・・
②・・・・
③・・・・
④・・・・

注意しましょう

★ For longer passages like essays or journal entries, there are usually questions for each paragraph. After reading the first paragraph, try answering the first question.

Trường hợp đoạn văn dài như bài văn hay nhật ký v.v., phần lớn trường hợp là câu hỏi theo từng đoạn. Sau khi đọc đoạn đầu tiên rồi thì trước hết, hãy trả lời câu hỏi thứ nhất.

（作文や日記など長めの文章の場合は、段落ごとに質問がある場合が多いです。最初の段落を読んだら、まず一つ目の質問に答えましょう。）

じゅんびしましょう

つぎの会話文を読んで、あとの文から正しいものを選びましょう。 （答えはつぎのページ）

留学生：お母さん、あれ何？　何をしてるんですか？

お母さん：そうじよ。「ロボットそうじき」って言うのよ。今、ソファーの下に入っていったでしょう。ふつうのそうじきではやりにくいところも、やってくれるから便利よ。

留学生：そうですか。あー！　たいへん！　階段から落ちちゃう！

お母さん：だいじょうぶよ。落ちないから。ね、落ちなかったでしょ。

留学生：ほんとだ。頭がいいんですね。

□1　留学生は、ロボットそうじきを使ったことがありません。

□2　ロボットそうじきは、使いにくいです。

□3　ロボットそうじきは、階段の近くはそうじしません。

□4　留学生は、ロボットそうじきが階段から落ちると思いました。

□5　ホームステイのお母さんは、頭がいいです。

つぎの文章を読んで、質問に答えてください。答えは、1・2・3・4から、いちばんいいものを一つえらんでください。

　わたしがホームステイをしている家には、わたしの国では見たことがないそうじきが
①
あります。形は丸くてUFOのようです。それが部屋の中を行ったり来たりして動いているのをはじめて見たとき、わたしは、何をしているかわかりませんでした。ホームステイのお母さんが、そうじきだと教えてくれました。「ロボットそうじき」といって、人が持たなくてもいいそうじきです。

　このそうじきは、部屋のすみのゴミも集めて吸ってくれます。ソファーの下にも入っていって、ていねいにそうじしてくれます。とても便利だと思いました。

　とてもびっくりしたことがあります。このそうじきが2階のろうかをそうじしていて
②
階段のほうに行ったとき、わたしは「あーっ！落ちる！」と大きい声を出してしまいました。ところが、落ちなかったんです。本当におどろきました。ロボットそうじきは階段まで行っても落ちないで、行ったり来たりして、ろうかをきれいにそうじしました。

　重いそうじきを持ったり運んだりしなくてもいいし、きれいにそうじしてくれるので、いつか国の両親に、このロボットそうじきをプレゼントしたいと思っています。

① どんな「そうじき」ですか。

　　1　ロボットの形をしています。

　　2　階段をきれいにそうじします。

　　3　人が持たなくても動きます。

　　4　軽いので持ちやすいです。

② 「とてもびっくりしたこと」とありますが、何にびっくりしましたか。

　　1　ロボットそうじきが、階段から落ちなかったこと

　　2　ロボットそうじきが、階段を降りたこと

　　3　ロボットそうじきが、きれいにそうじすること

　　4　ロボットそうじきが、重くないこと

（左ページの答え→1・4）

5日目 長めの文章を読みましょう②

💡接続詞や指示語に注意しましょう！
Be careful of conjunctions and demonstratives!
Hãy chú ý từ nối và từ chỉ thị!

駅前に新しいレストランができました。

それ は去年の夏でした。
ところが、先月、もうなくなってしまいました。

注意しましょう

★ Be especially careful of conjunction paradoxes.
Hãy chú ý từ nối, đặc biệt từ nối ngược.
（接続詞はとくに逆接に注意しましょう。）

★ Demonstratives usually refer to the word or content that comes before them.
Từ chỉ thị thường chỉ từ hay nội dung có viết trước đó.
（指示語はたいてい前に書いてある言葉や内容を指しています。）

じゅんびしましょう

つぎの会話文を読んで、あとの文から正しいものを選びましょう。（答えはつぎのページ）

> 女：このあいだ、わたし、電車の中で具合が悪くなって、たおれちゃったの。
>
> 男：へー、それで、どうしたの？
>
> 女：つぎの駅で降りて、しばらくしたら、よくなったんだけど、そのときに、わたしと一緒に降りてくれた人たちがいたの。その人たちが、わたしをベンチに座らせてくれたり、駅員を呼んだりしてくれたのよ。
>
> 男：親切な人たちだね。
>
> 女：本当に。でも、そのときにわたし、十分にお礼を言って（※1）いないから…。連絡先（※2）を聞いておけばよかった。また会えるといいんだけど。

（※1）お礼を言う show one's gratitude / nói cảm ơn　（※2）連絡先 contact information / địa chỉ liên lạc

□1　女の人は、電車の中で寝てしまいました。

□2　女の人は、一人で電車を降りました。

□3　だれかが、駅員を呼びに行きました。

□4　男の人は、女の人にお礼を言いたいです。

□5　女の人は、助けてくれた人たちに会いたいです。

つぎの文章を読んで、質問に答えてください。答えは、１・２・３・４から、いちばんいいものを一つえらんでください。

　一か月くらい前に、わたしはバイトの帰りに、電車の中で気持ちが悪くなり、たおれてしまいました。となりに立っていた男の人二人が助けてくれて、つぎに止まった駅で一緒に降りてくれました。そのときに、女の人一人も一緒に降りて、駅員を呼びにいってくれました。ホームのベンチに座っていたら、少し気分がよくなったので、その駅から、タクシーで家に帰ることにしました。一緒に電車を降りた三人は「じゃ、あとは駅員さんにおねがいして、わたしたちも帰ります。お大事に。」と言って、つぎに来た電車に乗っていきました。みんな、仕事の帰りでつかれていたと思いますが、本当に親切な人たちでした。わたしは、「ありがとうございました。」と言いましたが、<u>そのとき</u>①に、みんなの名前や住所を聞いておけばよかったと思っています。

　もう一度その三人にお礼を言いたいと思って、あれから毎日、同じ時間の電車で帰っています。でも、_____②。

① 「そのとき」とありますが、どのときですか。

　　1　電車の中でたおれたとき

　　2　駅員が来たとき

　　3　三人と別れるとき

　　4　電車の中で三人に会ったとき

② ____に、どの文が入りますか。

　　1　まだ三人のうちのだれにも会うことができません。

　　2　三人は電車では帰っていないと思います。

　　3　もうすぐ三人のうちのだれかに会えると思います。

　　4　三人にお礼を言うのをわすれてしまいました。

第五週

6日目 広告やお知らせを読みましょう

💡 必要な情報をさがしましょう！

Looking for the necessary information!

Hãy tìm thông tin cần thiết!

注意しましょう

★ You'll run out of time if you try reading slowly, so read the question first and then try to find only the section that relates to that question.

Sẽ không đủ thời gian để đọc thong thả. Hãy đọc câu hỏi trước và chỉ đọc chỗ nào có liên quan đến câu hỏi đó.

（ゆっくり読んでいると時間が足りなくなります。質問を先に読んで、その質問に関係のあるところだけ読みましょう。）

★ There are questions that require simple math, so remain calm and take your time solving them.

Có cả câu hỏi tính toán đơn giản, hãy bình tĩnh tính toán.

（簡単な計算をする問題もありますが、落ちついて計算しましょう。）

じゅんびしましょう

つぎの会話文を読んで、あとの文から正しいものを選びましょう。 （答えはつぎのページ）

父親：今度、ぞうさん（※1）に乗れる動物園に連れて行ってあげるよ。

男の子：本当？　ぞうさんに乗ることができるの？

父親：そうだよ。ぞうさんのショー（※2）もやっていて、ぞうさんがサッカーした
り、ダンスしたりするんだよ。絵をかくぞうさんもいるよ。

男の子：へー、早く行きたい！　いつ行く？　今度の日曜日は？

父親：午後からなら行けるかな。えーっと、３時半のショーを見ることができるね。

男の子：わーい、楽しみだなあ。早く日曜日が来ないかなあ。

（※1）ぞうさん：「ぞう」には「さん」をつけることがよくある。 Zou-san: "-san" is often added to "Zou." / Từ " ぞう (con voi)" thường có thêm " さん"　　（※2）ショー show / biểu diễn

☐1　男の子は、ぞうのダンスを見たことがありません。

☐2　男の子は、ぞうとサッカーをしたいと思っています。

☐3　男の子は、ぞうに乗りたいです。

☐4　男の子は、日曜日の午前中、いそがしいです。

☐5　男の子と父親は、午前中ショーを見てから、ぞうに乗ります。

つぎの動物園の「ぞうのショー」のお知らせを見て、質問に答えてください。答えは、1・2・3・4から、いちばんいいものを一つえらんでください。

「ぞうのショー」

ぞうがサッカーをしたり、ダンスをしたりします。

ぞうに乗ったり、一緒に写真をとったりすることもできますよ。

ショーのスケジュール

月曜日～金曜日	1回目 11:00	2回目 14:00	
土曜日、日曜日、祝日	1回目 11:00	2回目 13:00	3回目 15:30

ショーの時間は20分くらいです。

ショーが終わってから

● ぞうに、にんじんやバナナをあげることができます。

　おやつ (※1) バケツ (一つ¥500) は、ショー広場 (※2) で売っています。

● ぞうの背中に乗って散歩することができます。(3人まで乗ることができます。)

　チケットがいります。ショーの始まる30分前までに動物園の入り口で買ってください。

(写真あり¥2,500　写真なし¥2,000)

(※1)おやつ snack / bữa xế　(※2)広場 open space / quảng trường

① 写真はいらないけれど、おやつをあげてぞうの背中に乗りたい人は、いくら払いますか。

1　500 円　　　　2　2,000 円

3　2,500 円　　　4　3,000 円

② 午前中にぞうに乗りたい人は、どうすればいいですか。

1　10 時半までにショー広場でチケットを買います。

2　10 時半までに動物園の入り口でチケットを買います。

3　11 時半までにショー広場でチケットを買います。

4　11 時半までに動物園の入り口でチケットを買います。

(左ページの答え→1・3)

7日目　まとめ問題

Review Test /
Bài tập tổng hợp

時間：15分
じかん　　ふん

（答えは別冊 p. 4）
こた　　べっさつ

もんだい1　つぎの（1）と（2）の文章を読んで、質問に答えてください。答えは、1・
ぶんしょう
2・3・4から、いちばんいいものを一つえらんでください。　15点×2問
てん　　もん

（1）これは、サリーさんが中村先生に送ったメールです。
なかむら

中村先生 なかむら きのうのクラスのときにも話しましたが、日曜日に、アメリカから来ている友だちと京都に行って、来週の木曜日に帰ってくることになりました。木曜日の朝、帰ってきます。午後のクラスには行けますが、つかれていると思います。来週は金曜日のクラスのほうに行きたいのですが、よろしいでしょうか。 サリー

1　サリーさんはこのメールで何を言いたいですか。

1　日曜日、友だちと京都に行くこと
きょうと

2　来週の木曜日の午前中に京都から帰ってくること
きょうと

3　来週の木曜日のクラスに出られるかどうかわからないこと

4　来週は金曜日のクラスに行きたいこと

（2）マンションの入り口に、「おねがい」と書かれた紙がはってあります。

<div align="center">**おねがい**</div>▌▌▌ ●自転車は決められた場所（白い線の中）にならべて止めてください。 き　　　　　　　　　　　　　せん ●ゴミは決められた曜日、時間に出してください。 き 　・もえるゴミ…火曜日、金曜日　・もえないゴミ…木曜日 （朝8時までに出してください。前の日の夜6時までは出さないでください。） ●マンションのビルを出るまでは、ペットを抱いて運んでください。 だ　　はこ

[2] この「おねがい」から、わかることは何ですか。

1 自転車は白い線の中に、ならべてはいけません。

2 木曜日の午後10時に、もえるゴミを出してもいいです。

3 水曜日の午後8時に、もえないゴミを出してはいけません。

4 ペットはマンションの中で歩かせてもいいです。

もんだい2 つぎの文章を読んで、質問に答えてください。答えは、1・2・3・4から、いちばんいいものを一つえらんでください。 15点×2問

わたしはスポーツクラブで働いています。朝、会員(※1)の人たちが来る前に、運動するためのきかいが正しく動くかどうかのチェックをします。チェックしてどこか変なところがあるときは、そのきかいのことをよくわかっている人に調べてもらいます。それが終わったら、受付に座ります。会員の人たちが来たら、カードにスタンプ(※2)を押します。わたしは、会員の人たちにできるだけ元気な声で「おはようございます。」「おつかれさまでした。」と、あいさつするようにしています。

午前中はずっと受付にいますが、午後からは、運動している会員の人たちにきかいの使い方を説明したり、上手に使えるようにアドバイスをしたりしています。運動以外のことでいろいろな話をすることもあり、これが一番楽しいです。わたしの知らないことを教えてもらったり、わたしの日本語を注意してもらったり、勉強になることも多いです。

[3] この人がスポーツクラブでしないことはどれですか。

1 きかいが正しく動くか調べます。

2 きかいが正しく動かないときに直します。

3 会員に運動のアドバイスをします。

4 会員と日本語で話をします。

[4] この人が一番楽しいと思っていることはどれですか。

1 会員の人たちに元気な声であいさつすること

2 会員の人たちにアドバイスすること

3 会員の人たちといろいろな話をすること

4 会員の人たちに日本語を教えてもらえること

もんだい3　つぎのコインランドリーの使い方の表を見て、質問に答えてください。答えは、1・2・3・4から、いちばんいいものを一つえらんでください。

20点×2問

コインランドリー（※1）の使い方

水曜日は
50%オフ！

● 家では洗えない毛布やカーテン、カーペットなども洗えます！

● 使い方は簡単！　洗濯物を入れて、コースを選んで、お金を入れるだけ！

コース	内容	かかる時間	料金
1	洗濯＋乾燥（※2）	60分	1,200円
2	洗濯＋乾燥	50分	1,000円
3	洗濯だけ	40分	800円
4	乾燥だけ	10分	100円

*コース4は100円を入れると10分の乾燥、200円を入れると20分の乾燥となります。
　コース1、またはコース2が終わったあと、もっと乾燥したいときにも使えます。

<u>注意！お金を入れる前に、かならずコースを選んでください。</u>

5　水曜日に60分のコースを選んだあと、もう20分乾燥したい人は、全部でいくら払いますか。

1　500円　　　　2　600円　　　　3　700円　　　　4　800円

6　このコインランドリーで、<u>できない</u>ことはどれですか。

1　洗濯だけを1時間する

2　カーペットを洗う

3　コース1を2回する

4　30分乾燥する

聞く練習をしましょう
きくれんしゅう

Let's practice listening. / Hãy luyện Nghe

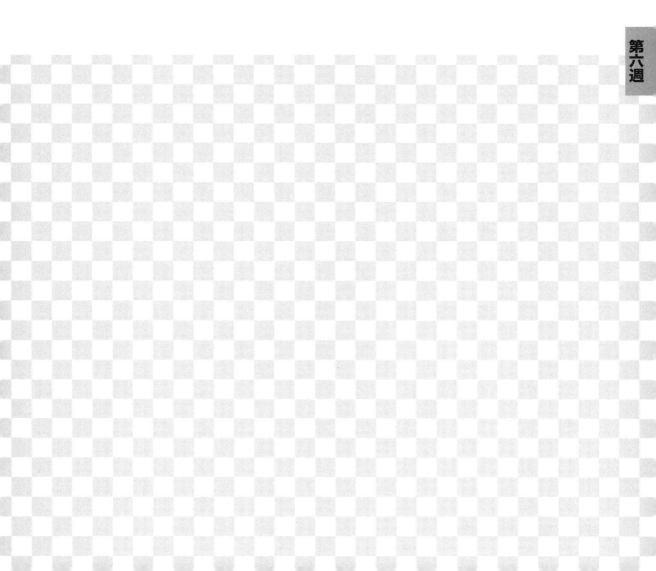

1日目 準備をしましょう①
じゅんび

💡会話らしい表現や「ない」を使った表現に注意しましょう！
かいわ　　ひょうげん　　　　　　　　つか　　ひょうげん　ちゅうい

Be careful of conversational phrases and phrases that use ない.
Hãy chú ý cách nói đặc trưng hội thoại hay cách nói sử dụng " ない ".

音声を聞いて
おんせい　き
確認しましょう。
かくにん

会話らしい表現　Conversational phrase
かいわ　　ひょうげん　Cách nói đặc trưng hội thoại

When asking questions in casual conversations, the end of the sentence is spoken with rising intonation, and　か is not added. When writing such sentences, a question mark is added at the end. / Trường hợp đặt câu hỏi trong hội thoại thông thường, không thêm " か " mà nói lên giọng ở cuối câu. Khi viết thì thêm "?". （カジュアルな会話で質問をする場合、「か」を付けないで、文の最後を上げて言います。書くときには「？」を付けます。）

🔊 No.01
• おいしい？↗　　　　　　　• これで　いいの？↗
• お昼ごはん、食べた？↗
　　ひる　　　　た

※ When refusing an invitation or conveying something that is hard to say to a person, the end of certain words is often elongated. / Trường hợp từ chối lời mời hay nói những việc khó nói thì phần lớn là kéo dài cuối từ. （誘いを断るときや言いにくいことを言う場合は、言葉の最後が長くなることが多い。）

🔊 No.02
• A「明日、映画に　行きませんか。」　B「明日は、ちょっとー …。」
　　あした　えいが　　　　　　　　　　　あした
• A「はい、これで　いいですね。」　B「あのー、それはー …。」

「ない」を使った表現　Phrases that use ない
　　　つか　ひょうげん　Cách nói sử dụng " ない ".

～じゃない？ ＝～と　思う
　　　　　　　　　　　　　おも

This is used when giving an opinion. / Dùng trong trường hợp nói ý kiến. （意見を言う場合に使う。）

🔊 No.03
• それ、<u>いいんじゃない？</u>（＝いいと　思う）
　　　　　　　　　　　　　　　　　おも
• 田中さん、パーティーには　<u>来ないんじゃない？</u>（＝来ないと　思う）
　たなか　　　　　　　　　　　こ　　　　　　　　　　こ　　　おも

～ないかな（あ） ＝～て　ほしい

This expresses one's desire. / Thể hiện nguyện vọng. （希望を表す。）

🔊 No.04
• クリスマス、早く　<u>来ないかな</u>。（＝来て　ほしい）
　　　　　　　はや　　こ　　　　　　　き
• 明日、<u>晴れ**ないかなあ**</u>。（＝晴れて　ほしい）
　あした　は　　　　　　　　　　は

気持ちなどを表す表現
きも　　　　　あらわ　ひょうげん

Phrases that express feelings
Cách nói thể hiện tình cảm v.v.

えー

This is often used before someone starts speaking. / Thường dùng khi bắt đầu câu chuyện. （話のはじめによく使う。）

🔊 No.05
- **えー**、これから　会議を　始めます。
かいぎ　　　　はじ
- **えー**、教科書の　10ページを　見て　ください。
きょうかしょ　　　じゅっ　　　　　み

えー(っ)と

This is used when thinking of what to say next. / Dùng khi nói điều gì đó tiếp theo hay khi đang suy nghĩ. （次に何を言うか考えているときに使う。）

🔊 No.06
- A「なぜ、これが　ダメなのか、理由を　教えて　ください。」
りゆう　　　おし
  B「**えーっと**、それは…。」
- A「お昼、何、食べたい？」
ひる　　なに　　た
  B「**えーと**、あんまり　おなかが　すいて　いないんだけど…。」

え(ー)っ！　うそ(ー)！

This is used when surprised. / Dùng khi ngạc nhiên, bất ngờ. （驚いたときに使う。）

🔊 No.07
- A「会社、やめたんだ。」
かいしゃ
  B「**えーっ！**」
- A「ジョンさん、もう　日本に　いないよ。」
にほん
  B「**うそー！**」

へえ(ー)　すご(ー)い

This is used when impressed or surprised. / Dùng khi quan tâm hay ngạc nhiên. （感心したり、驚いたときに使う。）

🔊 No.08
- A「毎日、せんたくして　いるよ。」
まいにち
  B「**へえー**、えらいね。」
- A「大学に　受かったよ。」
だいがく　　う
  B「**すごーい！**」

2日目　準備をしましょう②
じゅんび

💡選択肢のタイプに注意しましょう！
せんたくし　　　　　　　　　　　ちゅうい

Be aware of the different types of multiple-choice answers.
Hãy chú ý kiểu lựa chọn!

マークの付け方にも
注意しましょう。
ちゅうい

よい
マーク　● ② ③ ④

わるい
マーク

選択肢のタイプ　Types of multiple-choice answers
せんたくし　　　　　Kiểu lựa chọn

▶ イラストの場合　When images are used / Trường hợp tranh vẽ
ば あい

★イラストの違いに注意しましょう。
ちが　　　ちゅうい

Watch out for differences in the images. / Hãy chú ý sự khác nhau trong tranh vẽ.

[例]
れい

1．何について話していますか。
　　なに　　　　　　はな
2．違いは何ですか。
　　ちが　　なん

1．Ｔシャツについて話しています。
　　　　　　　　　　　　　　　はな
2．違いは、「色（白か黒か）と字（英語が書いてあるか）」です。
　　ちが　　　いろ　しろ　くろ　　　じ　えいご　か

▶ 文字の場合　When text is used / Trường hợp chữ
もじ　ば あい

★選択肢に複数の物がある場合、共通のものを見つけることが重要です。
せんたくし　ふくすう　もの　　　ば あい　きょうつう　　　　み　　　　　　　　　じゅうよう

When there are several words that appear in all of the multiple-choice answers, it is important to find these common words or numbers. / Trường hợp có nhiều vật trong chọn lựa, quan trọng là tìm ra điểm chung.

[例]
れい

1	ぎゅうにゅう１本だけ
2	ぎゅうにゅう１本と　チーズ
3	ぎゅうにゅう２本
4	ぎゅうにゅう２本と　チーズ

1．共通のものは何ですか。
　　きょうつう　　　　なん
2．違いは何ですか。
　　ちが　　なん

1．共通のものは「ぎゅうにゅう」です。
　　きょうつう
2．違いは「牛乳の数とチーズがあるかないか」です。
　　ちが　　ぎゅうにゅう　かず

注意することば

Words to look out for
Từ cần chú ý

▶ **時間や曜日、日付** Time, days and dates / Thời gian và thứ, ngày

★時間は、「30分」を表す「半」という言い方に注意しましょう。

Be careful of the word 半, which expresses half past the hour. / Hãy chú ý cách nói thời gian như thể hiện "30 phút" bằng "rưỡi".

★日にちの言い方は特に難しいので、復習しておきましょう。

Expressions for dates are particularly difficult, so be sure to review them. / Cách nói ngày đặc biệt khó nên hãy ôn tập.

日曜日	月曜日	火曜日	水曜日	木曜日	金曜日	土曜日
にちようび	げつようび	かようび	すいようび	もくようび	きんようび	どようび
1	**2**	**3**	**4**	**5**	**6**	**7**
ついたち	ふつか	みっか	よっか	いつか	むいか	なのか
8	**9**	**10**	**11**	**12**	**13**	**14**
ようか	ここのか	とおか				じゅうよっか
15	**16**	**17**	**18**	**19**	**20**	**21**
				じゅうくにち	はつか	
22	**23**	**24**	**25**	**26**	**27**	**28**
		にじゅうよっか				
29	**30**	**31**				
にじゅうくにち						

読み方に注意しましょう！

第六週

▶ **数字** Numbers / Chữ số

★選択肢に数字がある場合や、話に数字が出てくる場合は、特にメモをしっかり取るようにしましょう。

When numbers appear in the multiple-choice answers or conversation, be sure to write them down. / Trường hợp có chữ số trong các lựa chọn hay trường hợp xuất hiện con số trong câu chuyện, hãy đặc biệt cố gắng ghi chú lại.

★簡単な計算をする場合もあります。

There may be times when simple math must be used. / Cũng có trường hợp cần tính toán đơn giản.

ぼく、計算きらい！

3日目　どれですか　—課題理解—
かだいりかい

💡問題を聞く前に、イラストや文字を見ておきましょう！
もんだい　　き　まえ　　　　　　　　　　　　もじ　み

Before listening to the question, be sure to look at the images or text!

Trước khi nghe câu hỏi, hãy xem tranh vẽ và chữ trước!

選択肢は短いから
せんたくし　みじか
すぐに読めるよ。
　　　よ

問題の流れ
もんだい　ながれ

問題用紙に選択肢がイラストか文字で印刷されています。
もんだいようし　　せんたくし　　　　　　もじ　いんさつ

The multiple-choice answers are printed as images or text on the question sheet.

Trong phần câu hỏi, có in các lựa chọn là tranh vẽ hay chữ.

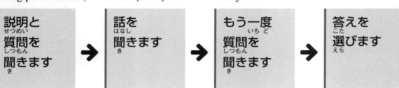

| 説明と質問を聞きます | → | 話を聞きます | → | もう一度質問を聞きます | → | 答えを選びます |

例をやってみましょう
れい

① 1から4を　読んで　おきましょう。
　　　　　　　よ

> 1　びょういんに　行く
> 　　　　　　　　い
> 2　びょういんに　電話する
> 　　　　　　　　でんわ
> 3　くすりを　買ってくる
> 　　　　　か
> 4　あさごはんを　食べる
> 　　　　　　　　た

☆選択肢から、だれかの体の具合が悪い、というこ
　せんたくし　　　　　　からだ　ぐあい　わる
とがわかりますね。

From the multiple-choice answers, you can tell that someone is unwell. / Từ các lựa chọn, bạn có thể biết là có ai đang không khỏe đúng không?

② 説明と　質問と　話を　聞いて、1から4の　中から、いちばん　いいものを
　せつめい　　しつもん　　はなし　き　　　　　　　　　　なか
一つ　選んで　ください。
ひと　　えら

🔊 No.09　① ② ③ ④

③ スクリプトを　読みながら　確認しましょう。
　　　　　　　　よ　　　　　　かくにん

Check and confirm while reading the script. / Hãy vừa đọc nội dung bài nghe vừa kiểm tra.

> 男の人と女の人が話しています。女の人は、これから何をしますか。
> おとこ　ひと　おんな　ひと　はな　　　　　おんな　ひと　　　　　　　　なに
>
> 男：まだ頭がいたいんだ。きのう飲んだ薬、きかないし。
> おとこ　　　あたま　　　　　　　　の　　くすり
> 女：そう…。病院へ行ったほうがいいかも。電話してみて…。あ、今日は休みの日ね。
> おんな　　　びょういん　い　　　　　　　　でんわ　　　　　　　　きょう　やす　ひ
> 男：じゃ、悪いけれど、別の薬を買ってきてくれない？
> おとこ　　わる　　　べつ　くすり　か
> 女：わかった。朝ご飯作ってあるから、食べておいてね。
> おんな　　　　あさ　はんつく　　　　　　　た
>
> 女の人は、これから何をしますか。
> おんな　ひと　　　　　　　なに

☆答え：3番　　・女の人は、この会話の前に、朝ご飯を作りました。
　こた　　ばん　　おんな　ひと　　かいわ　まえ　あさ　はん　つく

★選択肢がイラストの場合、いろいろなパターンがあります。

When the multiple-choice answers are images, there are a few patterns that are used. / Trường hợp lựa chọn là tranh vẽ thì có nhiều kiểu khác nhau.

○イラストが４つある場合

When there are four images / Trường hợp có 4 tranh vẽ

○１つのイラストに複数の物がかかれている場合

When there are multiple things drawn into one image / Trường hợp 1 tranh vẽ có nhiều thứ được vẽ trong đó

○答えにイラストを２つ選ぶ場合

When two images must be chosen for the answer / Trường hợp chọn 2 tranh để trả lời

注意しましょう

れんしゅう

（答えは別冊 p.5）

この　もんだいでは、まず　しつもんを　聞いて　ください。それから　話を　聞いて、１から４の　中から、いちばん　いい　ものを　一つ　えらんで　ください。

◀)) No.10　1ばん　① ② ③ ④

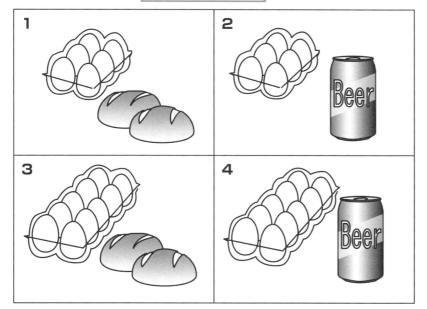

話の後半部分に注意して聞きましょう。

Listen carefully to the second half of the speech. / Hãy chú ý lắng nghe phần sau của câu chuyện.

第六週

◀)) No.11　2ばん　① ② ③ ④

1　３がいの　Ａきょうしつ
2　３がいの　Ｂきょうしつ
3　５かいの　Ａきょうしつ
4　５かいの　Ｂきょうしつ

メモを取りながら聞きましょう。

Listen while taking notes. / Hãy vừa nghe vừa viết ghi chú lại.

4日目　どうしてですか　—ポイント理解—
りかい

💡 選択肢から内容を想像しましょう！
せんたくし　　　　　ないよう　　そうぞう

Try picturing the information while looking at the multiple-choice answers.

Hãy tưởng tượng nội dung từ các lựa chọn!

はじめに選択肢を
せんたくし
読んでおくといいよ。
よ

問題の流れ
もんだい　ながれ

問題用紙に選択肢が文字で印刷されています。
もんだいようし　せんたくし　もじ　いんさつ

When the multiple-choice answers are printed as text on the question sheet.

Trong phần câu hỏi, có in các lựa chọn là chữ.

| 説明と
せつめい
質問を
しつもん
聞きます
き | → | ポーズの間に
あいだ
選択肢を読んで
せんたくし　よ
ポイントを
つかみます | → | 話を
はなし
聞きます
き | → | もう一度
いちど
質問を
しつもん
聞きます
き | → | 答えを
こた
選びます
えら |

★最初の説明・質問のあとは何も言わないので注意しましょう。
さいしょ　せつめい　しつもん　　　　　なに　い　　　　　ちゅうい

Keep in mind that nothing will be said after the initial explanation or question.

Hãy chú ý là sau phần giải thích hay câu hỏi ban đầu, sẽ không nói gì cả.

例をやってみましょう
れい

①最初の　説明と　質問を　聞いたあと、すぐに　選択肢を　読みましょう。
さいしょ　せつめい　しつもん　き　　　　　　　　せんたくし　よ

🔊 No.12

1　ねつが　あったから
2　りょこうに　行っていたから い
3　めざまし時計を　セットしなかったから どけい
4　あさ、おきられなかったから

②話を　聞いて、答えを　選んで　ください。
はなし　き　　　こた　　えら

🔊 No.13　　① ② ③ ④

③スクリプトを　読みながら　確認しましょう。
よ　　　　　　かくにん

男の人と女の人が電話で話しています。男の人は、どうしてクラスを休みましたか。
おとこ ひと おんな ひと でんわ はな　　　　　　おとこ ひと　　　　　　　　　やす

女：今日、クラスに来なかったけれど、どうしたの？
おんな　きょう

男：きのう旅行から帰ってきたのがおそくて…めざまし時計をセットしたんだけど…。
おとこ　　　りょこう　かえ　　　　　　　　　　どけい

女：なーんだ、ねぼうしたということね。熱でも出しているのかと心配しちゃった。
おんな　　　　　　　　　　　　　　　　　　ねつ　だ　　　　　　　　しんぱい

男の人は、どうしてクラスを休みましたか。
おとこ ひと　　　　　　　　　　　やす

☆答え：4番　　　・ねぼうする oversleep / ngủ nướng
こた　　ばん

　　　　　　　　　・めざまし時計をセットする set an alarm clock / đặt đồng hồ báo thức
　　　　　　　　　　　どけい

★家族の言い方に注意しましょう。
Be careful of expressions about family members. / Hãy chú ý cách nói về gia đình.

自分の	ほかの人の
父／母　両親	お父さん／お母さん　ご両親
兄／姉／弟／妹	おにいさん／おねえさん／弟さん／妹さん
主人（夫）／妻	ご主人／奥さん

★だれについての質問なのかに注意しましょう。
Be aware of who the question is about. / Hãy chú ý xem hỏi về ai.

★特に後半部分に注意しながらメモを取りましょう。
Be especially careful to take notes while listening to the second half.
Đặc biệt chú ý phần sau và ghi chú lại.

れんしゅう

（答えは別冊 p.6）

この　もんだいでは、　まず　しつもんを　聞いて　ください。そのあと、１から４を
見て　ください。読む　時間が　あります。それから　話を　聞いて、１から４の
中から、いちばん　いい　ものを　一つ　えらんで　ください。

🔊 No.14　1ばん　

1　デパートに　つとめて　います。
2　語学学校に　かよって　います。
3　アルバイトを　して　います。
4　ホテルのしごとを　して　います。

クリーニング屋
dry cleaners / tiệm giặt ủi

🔊 No.15　2ばん　

1　5人
2　6人
3　7人
4　8人

簡単ですが、計算が
必要です。
It is simple, but it does require some math. / Tuy đơn giản nhưng cần tính toán.

第六週

5日目 何と言いますか　―発話表現―
なん　　い　　　　　　　　はつ わ ひょう げん

💡質問の中の説明部分に注意しましょう！
しつもん　なか　せつめい ぶ ぶん　ちゅう い

Be mindful of the explanation section of the question.

Hãy chú ý phần giải thích trong câu hỏi!

➡の人が
ひと
言うことです！
い

問題の流れ
もんだい　なが

イラストを見て、
み
➡の人に注意しながら
ひと　ちゅう い
説明と質問を聞きます。
せつめい　しつもん　き

→

音声で聞こえてくる、
おんせい　き
3つの選択肢1・2・
せんたく し
3の中から、➡の人が
なか　　　　　　ひと
言うことを選びます。
い　　　　　　えら

例をやってみましょう
れい

①イラストを　見てください。どんなことが　わかるか　考えましょう。
み　　　　　　　　　　　　　　　　　かんが

・教科書を　家に　忘れて　きたようです。
きょう か しょ　いえ　わす

②最初の　説明の　部分に　注意して　聞き、三つの　文の　中で　いちばん
さいしょ　せつめい　ぶ ぶん　ちゅう い　　き　みっ　　　ぶん　なか
いいものを　一つ　選んで　ください。
ひと　えら

🔊 No.16 　① 　② 　③

③スクリプトを　読みながら　確認しましょう。
よ　　　　　　　かくにん

教科書を忘れてしまいました。何と言いますか。
きょう か しょ　わす　　　　　　　　　　なん　い

1　教科書、見せましょうか。
きょう か しょ　み

2　教科書、見せてもらえませんか。
きょう か しょ　み

3　教科書、見せてあげましょうか。
きょう か しょ　み

☆答え：2番
こた　　　　　ばん

・「見せてくれませんか。」も同じ意味になります。
み　　　　　　　　　　　　おな　い み

This means the same as 見せてくれませんか. / " 見せてくれませんか (Cho tôi xem được không?)" cũng có ý
み　おな　い み
nghĩa giống vậy.

注意しましょう

★あいさつ表現などに注意しましょう。
Be careful of greetings. ／Hãy chú ý cách chào hỏi v.v.

会社で先に帰るとき	「お先に失礼します。」
家に人が来たとき	「どうぞお入りください。」
店などで呼びかけるとき	「すみません。」
病気の人に対して	「お大事に。」
何かをしてほしいとき	「～してくださいませんか。」「～してくれませんか。」 など
だれかを誘いたいとき	「～しませんか。」「(一緒に)～しましょうか。」 など

れんしゅう

(答えは別冊 p.7)

この もんだいでは、 えを 見ながら しつもんを 聞いて ください。やじるし（➡）の 人は 何と 言いますか。1から3の 中から いちばん いい ものを 一つ えらんで ください。

🔊 No.17 **1ばん** ① ② ③

お客さんは、
「おじゃまします。」と
言います。

🔊 No.18 **2ばん** ① ② ③

具合の悪い人と別れる
ときは「お大事に。」
と言います。

When parting with someone who is unwell, お大事に is used. / Khi chia tay người bệnh thì nói " お大事に (Giữ gìn sức khỏe nhé)".

第八週

6日目 どんな返事をしますか　—即時応答—

💡初めの文のタイプに注意して聞きましょう！

Listen carefully to hear what kind of sentence the first sentence is.

Hãy chú ý lắng nghe kiểu câu văn đầu tiên!

今度の日曜日、映画に行きませんか。

行きたくない！いやだ！

その言い方は失礼です。

問題の流れ

| 短い文を聞きます。 | → | 音声で聞こえてくる3つの返事1・2・3の中から、正しいものを選びます。 |

一つの会話です。

★誘われたり、何かを頼まれたりしたときの答え方に注意しましょう。

Be careful of how to answer when being invited to something or being asked to do something.

Hãy chú ý cách trả lời khi được mời, khi được nhờ điều gì đó.

例をやってみましょう

①最初の　文を　注意して　聞いて、そのあとの　三つの　返事1・2・3の　中から　正しいものを　選んで　ください。

 No.19　① ② ③

②スクリプトを　読みながら　確認しましょう。

> このいすを、かたづけておいてくれませんか。
>
> 1　はい、おねがいします。
>
> 2　はい、よかったです。
>
> 3　はい、わかりました。

☆答え：3番

★このタイプの問題は、文法をちゃんと理解しているかどうかが重要です。

It is important to understand the grammar for these types of questions. / Câu hỏi kiểu này thì quan trọng là có hiểu rõ văn phạm hay không.

★「どこに行きますか。」などの質問文の答えは、場所とは限りません。

The answer to questions like どこに行きますか may not always take the form of a place. / Câu trả lời cho câu hỏi như " どこに行きますか (Đi đâu?)" không chỉ giới hạn ở nơi chốn.

EX 「食事に 行きます。」「本を 返しに 行きます。」など

★誘いなどを断るときは間接的に断ることが多いです。

When refusing an invitation, answers are often given indirectly. / Khi từ chối lời mời v.v., phần lớn là từ chối gián tiếp

- A「来週の 日曜日に 映画に 行きませんか。」
  B「あー、その 日は、ちょっと…。」
  「えー、ちょっと 別の 予定が あるので…。」

注意しましょう

れんしゅう

（答えは別冊 p.8）

このもんだいでは、 えなどが ありません。まず ぶんを 聞いて ください。それから、その へんじを 聞いて、1 から3の 中から いちばん いいものを えらんで ください。

◀)) No.20 **1ばん**

◀)) No.21 **2ばん**

誘いを断っています。
An invitation is being refused. / Đang từ chối lời mời.

◀)) No.22 **3ばん** ① ② ③

◀)) No.23 **4ばん**

「こわれる」は洋服には使いません。

7日目 まとめ問題

Review Test /
Bài tập tổng hợp

時間：15分
じかん　　ふん

点数
てんすう
／ 100

（答えは別冊 p.9 〜 12）
こた　　べっさつ

もんだい1

10点×2問
てん　もん

もんだい1では、まず　しつもんを　聞いて　ください。それから　話を　聞いて、
き　　　　　　　　　　　　　　　　　　　　はなし　き
1から4の　中から、いちばん　いい　ものを　一つ　えらんで　ください。
なか　　　　　　　　　　　　　　　　ひと

🔊 No.24　1ばん　　① ② ③ ④

🔊 No.25　2ばん　　① ② ③ ④

1　かいぎしつを　よやくする

2　しりょうを　コピーする

3　しりょうの　まちがいを　なおす

4　かいぎで　まちがいを　言う
い

もんだい2

もんだい2では、まず　しつもんを　聞いて　ください。そのあと、1から4を　見て　ください。読む　時間が　あります。それから　話を　聞いて、1から4の　中から、いちばん　いい　ものを　一つ　えらんで　ください。

🔊 No.26　1ばん　

1　しごとが　たいへんだったから

2　いやなせんぱいが　いたから

3　しごとが　つまらなかったから

4　ほかにいいしごとを　見つけたから

🔊 No.27　2ばん　

1　ホテル

2　おんせん

3　びじゅつかん

4　ショッピングセンター

🔊 No.28　3ばん　

1　9時

2　9時5分

3　9時10分

4　9時20分

もんだい3

もんだい3では、えを 見ながら しつもんを 聞いて ください。やじるし（➡）の
人は 何と 言いますか。1から3の 中から、いちばん いい ものを 一つ えらん
で ください。

 No.29 1ばん　①　②　③

 No.30 2ばん　①　②　③

もんだい4

もんだい4では、えなどが ありません。まず ぶんを 聞いて ください。 それから、
その へんじを 聞いて、1から3の 中から、いちばん いいものを 一つ えらんで
ください。

🔊 No.31　1ばん　①　②　③

🔊 No.32　2ばん　①　②　③

🔊 No.33　3ばん　①　②　③

可能形 potential form / Thể khả năng
か のうけい

(3週2日目)

グループ1の動詞 どうし (-u → -eru)		
遊ぶ	あそ‐ぶ	あそ‐べる
歩く	ある‐く	ある‐ける
言う	い‐う	い‐える
泳ぐ	およ‐ぐ	およ‐げる
書く	か‐く	か‐ける
聞く	き‐く	き‐ける
使う	つか‐う	つか‐える
飲む	の‐む	の‐める
話す	はな‐す	はな‐せる
読む	よ‐む	よ‐める

グループ2の動詞 どうし (ru → rareru)		
起きる	おき‐る	おき‐られる
覚える	おぼえ‐る	おぼえ‐られる
答える	こたえ‐る	こたえ‐られる
食べる	たべ‐る	たべ‐られる
寝る	ね‐る	ね‐られる
見る	み‐る	み‐られる

グループ3の動詞 どうし		
する	する	できる
来る	くる	こられる

意向形 volitional form / Thể ý chí
い こうけい

(3週6日目)

グループ1の動詞 どうし (-u → -oo)		
行く	い‐く	い‐こう
急ぐ	いそ‐ぐ	いそ‐ごう
泳ぐ	およ‐ぐ	およ‐ごう
買う	か‐う	か‐おう
帰る	かえ‐る	かえ‐ろう
飲む	の‐む	の‐もう
話す	はな‐す	はな‐そう
持つ	も‐つ	も‐とう
休む	やす‐む	やす‐もう
読む	よ‐む	よ‐もう

グループ2の動詞 どうし (ru → yoo)		
あげる	あげ‐る	あげ‐よう
起きる	おき‐る	おき‐よう
食べる	たべ‐る	たべ‐よう
寝る	ね‐る	ね‐よう
見る	み‐る	み‐よう
辞／止める	やめ‐る	やめ‐よう

グループ3の動詞 どうし		
する	する	しよう
来る	くる	こよう

グループ1の動詞	
(-u → -eba)	
会う	あ-う	あ-えば
ある	あ-る	あ-れば
歩く	ある-く	ある-けば
行く	い-く	い-けば
急ぐ	いそ-ぐ	いそ-げば
聞く	き-く	き-けば
住む	す-む	す-めば
作る	つく-る	つく-れば
飲む	の-む	の-めば
待つ	ま-つ	ま-てば
*否定形	ex. あう→あわ-ない→あわ-なければ	
	ある→*ない→なければ	

グループ2の動詞	
(ru → reba)	
開ける	あけ-る	あけ-れば
いる	い-る	い-れば
できる	でき-る	でき-れば
寝る	ね-る	ね-れば
見る	み-る	み-れば
わかる	わか-る	わか-れば
*否定形	ex. みる→み-ない→み-なければ	

グループ3の動詞	
する	する	すれば
来る	くる	くれば
*否定形	する→し-ない→し-なければ	
	くる→こ-ない→こ-なければ	

い形容詞	
i adjective	
Hình dung từ (Tính từ) loại I	
(i → kereba)	
忙しい	いそがし-い	いそがし-ければ
安い	やす-い	やす-ければ
いい	*い-い	よ-ければ
*否定形	やすい→やすく-ない→やすく-なければ	
	いい→*よく-ない→よく-なければ	

な形容詞 / 名詞	
na adjective/noun	
Hình dung từ (Tính từ) loại Na/Danh từ	
(da → nara)	
きれいな	きれい(だ)	きれい-なら
静かな	しずか(だ)	しずか-なら
雨	あめ(だ)	あめ-なら
*否定形	しずか→しずか で/じゃ-ない	
	→しずか で/じゃ-なければ	
	あめ→あめ で/じゃ-ない→	
	あめ で/じゃ-なければ	

受身形 うけみけい passive form / Thể thụ động

グループ1の動詞 (-u → -areru／u → wareru)		
言う	い‐う	い‐われる
歌う	うた‐う	うた‐われる
聞く	き‐く	き‐かれる
誘う	さそ‐う	さそ‐われる
話す	はな‐す	はな‐される
ふむ	ふ‐む	ふ‐まれる
呼ぶ	よ‐ぶ	よ‐ばれる
笑う	わら‐う	わら‐われる

グループ2の動詞 (ru → rareru)		
建てる	たて‐る	たて‐られる
捨てる	すて‐る	すて‐られる
ほめる	ほめ‐る	ほめ‐られる
見る	み‐る	み‐られる

グループ3の動詞		
する	する	される
来る	くる	こられる

使役形 しえきけい causative form / Thể sai khiến

グループ1の動詞 (-u → -aseru／u → waseru)		
歌う	うた‐う	うた‐わせる
待つ	ま‐つ	ま‐たせる
泣く	な‐く	な‐かせる
飲む	の‐む	の‐ませる
休む	やす‐む	やす‐ませる
座る	すわ‐る	すわ‐らせる
笑う	わら‐う	わら‐わせる

グループ2の動詞 (ru → saseru)		
食べる	たべ‐る	たべ‐させる
着る	き‐る	き‐させる
答える	こたえ‐る	こたえ‐させる

グループ3の動詞		
する	する	させる
来る	くる	こさせる

使役受身形 causative passive form / thể sai khiến thụ động
しえきうけみけい

グループ1の動詞 (-u → -aserareru/-asareru) (u → waserareru/wasareru) (su → saserareru/ ————) *		
急ぐ	いそぐ	いそ‐がせられる／ いそ‐がされる
買う	かう	か‐わせられる／ か‐わされる
聞く	きく	き‐かせられる／ き‐かされる
立つ	たつ	た‐たせられる／ た‐たされる
飲む	のむ	の‐ませられる／ の‐まされる
話す	はなす	はな‐させられる *
払う	はらう	はら‐わせられる／ はら‐わされる

グループ2の動詞 (ru → saserareru)		
考える	かんがえ‐る	かんがえ‐させられる
着る	き‐る	き‐させられる
答える	こたえ‐る	こたえ‐させられる
食べる	たべ‐る	たべ‐させられる
辞／止める	やめ‐る	やめ‐させられる

グループ3の動詞		
する	する	させられる
来る	くる	こさせられる

<ruby>他動詞<rt>た どう し</rt></ruby>	<ruby>自動詞<rt>じ どう し</rt></ruby>
<ruby>開<rt>あ</rt></ruby>ける	<ruby>開<rt>あ</rt></ruby>く
<ruby>集<rt>あつ</rt></ruby>める	<ruby>集<rt>あつ</rt></ruby>まる
<ruby>入<rt>い</rt></ruby>れる	<ruby>入<rt>はい</rt></ruby>る
<ruby>売<rt>う</rt></ruby>る	<ruby>売<rt>う</rt></ruby>れる
<ruby>起<rt>お</rt></ruby>こす	<ruby>起<rt>お</rt></ruby>きる
<ruby>変<rt>か</rt></ruby>える	<ruby>変<rt>か</rt></ruby>わる
<ruby>決<rt>き</rt></ruby>める	<ruby>決<rt>き</rt></ruby>まる
<ruby>消<rt>け</rt></ruby>す	<ruby>消<rt>き</rt></ruby>える
こわす	こわれる
<ruby>閉<rt>し</rt></ruby>める	<ruby>閉<rt>し</rt></ruby>まる
<ruby>育<rt>そだ</rt></ruby>てる	<ruby>育<rt>そだ</rt></ruby>つ
<ruby>出<rt>だ</rt></ruby>す	<ruby>出<rt>で</rt></ruby>る
<ruby>続<rt>つづ</rt></ruby>ける	<ruby>続<rt>つづ</rt></ruby>く
<ruby>止<rt>と</rt></ruby>める	<ruby>止<rt>と</rt></ruby>まる
<ruby>取<rt>と</rt></ruby>る	<ruby>取<rt>と</rt></ruby>れる
<ruby>直<rt>なお</rt></ruby>す	<ruby>直<rt>なお</rt></ruby>る
ならべる	ならぶ
<ruby>残<rt>のこ</rt></ruby>す	<ruby>残<rt>のこ</rt></ruby>る
<ruby>始<rt>はじ</rt></ruby>める	<ruby>始<rt>はじ</rt></ruby>まる
<ruby>見<rt>み</rt></ruby>つける	<ruby>見<rt>み</rt></ruby>つかる
<ruby>焼<rt>や</rt></ruby>く	<ruby>焼<rt>や</rt></ruby>ける
<ruby>割<rt>わ</rt></ruby>る	<ruby>割<rt>わ</rt></ruby>れる

イラスト	花色木綿
翻訳	Red Wind（英語）
	NGUYEN DO AN NHIEN（ベトナム語）
	Max Daniel Silveira de Freitas（ポルトガル語）
	Hayu Sayektiningati（株式会社シーオーエス）（インドネシア語）
	ラマ 美弥（ネパール語）
	斎藤 海（タガログ語）
	Risingsun Sri Lanka (Pte.) Ltd.　A.T. Bandara（シンハラ語）
	エイチャンモー（ミャンマー語）
ナレーション	江尻拓己　津野しの
録音・編集	スタジオ グラッド
編集・DTP	株式会社明昌堂
装丁	岡崎裕樹
印刷・製本	日経印刷株式会社

「日本語能力試験」対策

日本語総まとめ N4 文法・読解・聴解 [多言語対応版]

2017年　4月27日	初版　第 1 刷発行
2023年 10月25日	多言語対応版　第 1 刷発行
2024年 12月18日	多言語対応版　第 3 刷発行

著　者	佐々木仁子・松本紀子
発　行	株式会社アスク
	〒162-8558　東京都新宿区下宮比町 2-6
	TEL　03-3267-6864
発行人	天谷修身

アンケートにご協力ください
PC https://www.ask-books.com/review/　Smartphone

「日本語能力試験（JLPT）」対策

日本語総まとめ N4
NIHONGO SO-MATOME

ぶんぽう
どっかい
ちょうかい

解答・解説・スクリプト
（かいとう）（かいせつ）

answers, explanations, scripts
Đáp án - Giải thích - Nội dung bài Nghe hiểu

こちら側に引っ張って切り離してください。
（がわ）（ひ）（ば）（き）（はな）

ask

第1週　まとめ問題（p. 30）

もんだい1

1	2	で
2	1	も
3	4	ときは
4	3	開けたまま _あ
5	2	ずつ
6	1	ほど
7	1	することになって
8	3	で
9	4	来ないし _こ
10	3	話したことがない _{はな}

もんだい2

11	1	2→4→1→3
12	1	4→3→1→2
13	4	2→1→4→3

もんだい3

14	4	になったとき
15	1	さびしくなるし

※友だちと はなれる
_{とも}
part with friends / rời xa bạn bè

16	3	ほど大きくない _{おお}
17	4	行ったり _い
18	3	楽しんでいます _{たの}

第2週　まとめ問題（p. 46）

もんだい1

1	2	使うようにして _{つか}
2	3	しなければならない
3	1	入れないと _い

※洗濯物 laundry / đồ (quần áo) giặt
_{せんたくもの}

4	4	どんなに
5	3	食べちゃった _た
6	2	乗れるようになったよ _の
7	4	いただいた
8	1	持って行ったほうがいい _も_い
9	3	どういう
10	1	してくれた

もんだい2

11	2	1→4→2→3
12	3	4→2→3→1
13	2	1→4→2→3

もんだい3

14	3	しなければならなかったから
15	1	みじかくても
16	3	なげろ
17	4	乗るために _の
18	1	わすれないように

第3週　まとめ問題（p. 62）

もんだい1

1	4	のに
2	1	飲んでみたら
3	2	いただきたい
4	2	聞いた
5	1	いるのに
6	4	つもりはない
7	3	食べても
8	2	寝よう
9	1	聞かないでほしい
10	1	だから

もんだい2

11	2	3→1→2→4
12	1	3→4→1→2
13	2	1→4→2→3

もんだい3

14	3	おぼえるのは
15	4	けれども
16	3	しらべるのに
17	1	勉強しよう
18	3	のを見て

※経験する experience / kinh nghiệm

第4週　まとめ問題（p. 78）

もんだい1

1	2	とけて
2	3	使いにくいです
3	1	さわったら
4	3	習わせられて
5	1	うれしそう
6	2	食べさせて
7	1	入ったみたいだ
8	4	休みのようです
9	3	なんです
10	3	書いてありません

もんだい2

11	1	3→4→1→2
12	2	4→1→2→3
13	3	4→2→3→1

もんだい3

14	3	すわらせて
15	2	食べさせられました
16	1	になると
17	4	なくなったよう
18	3	そだてられた

第5週　れんしゅう

1日目 (p. 83)
① 3

2日目 (p. 85)
① 2　② 4

3日目 (p. 87)
① 4

4日目 (p. 89)
① 3　② 1

5日目 (p. 91)
① 3　② 1

6日目 (p. 93)
① 3　② 2

第5週　まとめ問題 (p. 94)

もんだい1

| 1 | 4 |

| 2 | 2 |

もんだい2

| 3 | 2 |

| 4 | 3 |

（※1）会員 member / hội viên

（※2）スタンプ stamp / con dấu

もんだい3

| 5 | 3 |

| 6 | 1 |

（※1）コインランドリー launderette / tiệm giặt ủi công cộng tự động

（※2）乾燥 dry / khô, sấy khô

3日目 (p. 103)
みっかめ

	答え こた	スクリプト
1ばん ◀))No.10	2	家で、男の人と女の人が話しています。男の人は、何を買いますか。 いえ　おとこ　ひと　おんな　ひと　はな　　　　　　　　おとこ　ひと　　なに　か 女：どこへ行くの？ おんな 男：このハガキを出しに行ってくる。帰りに何か買ってこようか？ おとこ　　　　　　だ　い　　　　　かえ　なに　か 女：そうね、たまごを買ってきてくれない？　6個入りのパック。 おんな　　　　　　　　か　　　　　　　　　　こ　い 男：わかった。たまごね。いつものパンも買ってこようか？ おとこ　　　　　　　　　　　　　　　　　　　　か 　　そうだ、ビール、まだある？ 女：きのう、全部飲んじゃったじゃない。 おんな　　　　ぜんぶ　の 男：そうか、じゃ、買ってくるよ。 おとこ　　　　　　　　か 女：あ、パンは、まだたくさんあるから、今日はいいわ。(※1) おんな　　　　　　　　　　　　　　　　　きょう 男の人は、何を買いますか。 おとこ　ひと　　なに　か
2ばん ◀))No.11	1	教室で、先生が話しています。来週の月曜日の午後は、どの教室で授業があり きょうしつ　せんせい　はな　　　　　らいしゅう　げつようび　ごご　　　きょうしつ　じゅぎょう ますか。 先生：えー、このクラスの授業は来週の月曜日から3階で行います。午前は せんせい　　　　　　　　　じゅぎょう　らいしゅう　げつようび　　がい　おこな　　　　ごぜん 　　　B教室、午後はA教室になります。金曜日までは今までと同じで、午 　　　きょうしつ　ごご　きょうしつ　　　　　きんようび　　　いま　　　おな　　　ご 　　　前はこの5階のB教室、午後はA教室ですので、間違いのないよう 　　　ぜん　　　かい　きょうしつ　ごご　きょうしつ　　　　　まちが 　　　にしてください。 来週の月曜日の午後は、どの教室で授業がありますか。 らいしゅう　げつようび　ごご　　　きょうしつ　じゅぎょう

(※1)「今日はいいわ」は「今日はパンはいらない」という意味です。
きょう　　　　　　　　　きょう　　　　　　　　　　　　いみ

	答え こた	スクリプト
1ばん ◀))No.14	3	男の人と女の人が話しています。女の人のお姉さんは、今、何をしていますか。 おとこ ひと おんな ひと はな　　　　　　おんな ひと ねえ　　いま なに 男：田中さんのお姉さん、デパートに勤めているって言っていたよね。 おとこ たなか　　ねえ　　　　　　つと 女：はい、でも、デパートは2年前にやめたんですよ。そのあと、 おんな　　　　　　　　　　ねんまえ 　　オーストラリアの語学学校へ行って…先月帰ってきましたが、今、 　　　　　　　　　ごがくがっこう い　　せんげつかえ　　　　　　いま 　　仕事をさがしているようです。 　　しごと 男：へー、じゃ、今は何もしていないの？ おとこ　　　　　　いま なに 女：いえ、週に3日は近くのクリーニング屋でバイトをしているんですよ。 おんな　　　しゅう みっか ちか　　　　　　　や 　　ホテルで働きたいって言っているんですが。 　　　　　はたら　　　　い 女の人のお姉さんは、今、何をしていますか。 おんな ひと ねえ　　いま なに
2ばん ◀))No.15	3	男の学生と女の学生が話しています。何人で、レストランに行きますか。 おとこ がくせい おんな がくせい はな　　　なんにん　　　　　　い 男：ねえ、4日のレストラン、6名で予約していいんだよね。 おとこ　　　よっか　　　　　　めい よやく 女：それがね、ジョンさん、行けなくなったって。でもね、山田先生と おんな　　　　　　　　　　　　　　　　　　　　　　やまだ せんせい 　　ケンさんが行けるようになったって。 　　　　　　い 男：あ、そう、一人へって二人ふえるんだね。時間は7時でいいんだよね。 おとこ　　　　ひとり　　　ふたり　　　　じかん　じ 　　じゃ、レストランに電話しておくね。 　　　　　　　　　　でんわ 女：よろしく。 おんな 何人で、レストランに行きますか。 なんにん　　　　　　い

	答え こた	スクリプト
1ばん 🔊 No.17	3	家にお客さんが来ました。何と言いますか。 いえ　きゃく　　き　　　　なん　い 　1　どうぞおかけください。 　2　どうぞおじゃまください。 　3　どうぞお入りください。 　　　　　　はい
2ばん 🔊 No.18	2	友だちが、せきをしています。何と言いますか。 とも　　　　　　　　　　　　　　なん　い 　1　お元気ですか。 　　　げんき 　2　だいじょうぶですか。 　3　うるさくてすみません。

	答え	スクリプト
1ばん 🔊 No.20	3	電話番号を教えてくださいませんか。 1　どうぞ、お願いします。 2　はい、いつ電話しましょうか。 3　あ、その名刺に書いてありますよ。＊
2ばん 🔊 No.21	1	ねえ、これから食事に行かない？ 1　ごめん、ちょっと用事があるんだ。 2　ううん、行ったことないよ。 3　うん、何を見ようか。
3ばん 🔊 No.22	1	田中さん、今日の午後、予定がありますか。 1　図書館に本を返しに行きます。 2　いそがしいと言っていますが。 3　予定はないそうですよ。
4ばん 🔊 No.23	3	どうして、このセーターを着ないの？ 1　こわれているんだ。 2　古いけれど、じょうぶだよ。 3　あなが空いてしまったんだ。

＊この会話の前に、名刺を渡していたようです。
It looks like business cards were exchanged prior to this conversation. / Có vẻ như đã trao đổi danh thiếp trước đoạn hội thoại này.

もんだい 1

	答え	スクリプト
1ばん 🔊 No.24	4	女の学生と男の学生が話しています。男の学生は、先生の家に何を持っていきますか。 女：今度の日曜日、ジョンさんも先生の家に行くよね？ 男：うん。 女：先生がサンドイッチを作ってくださるって言っているんだけど、ほかの食べ物、みんなで持っていこうと話しているの。私はサラダを作っていこうと思って。 男：じゃ、ぼくは、飲み物にしようかな。 女：あ、飲み物は、ケンさんとトムさんが持っていくって。 男：あ、そう、じゃ、何にしようかな。チーズとか果物なんかどう？ 女：そうね、それより何かあまいものがいいかな。ケーキとかクッキーとか。 男：わかった。行く前にデパートによって買っていくよ。 男の学生は、先生の家に何を持っていきますか。
2ばん 🔊 No.25	1	会社で男の人と女の人が話しています。女の人は、このあと、何をしますか。 男：田中さん、会議室の予約を入れてくれたよね？ 女：すみません、まだですが、すぐにします。 男：あ、そうそう、きのうわたした資料^{（※1）}はどこ？ 女：会議で使うものですね。これですが…。 男：ちょっとまちがいを見つけたから、コピーはちょっと待って。 女：あのー、もうコピーしてしまいましたが。やり直しましょうか^{（※2）}。 男：あ、そう。じゃ、いい、いい。小さいまちがいだから、くばってから会議のときに言えばいいから。 女の人は、このあと、何をしますか。

（※1）資料　materials, handouts / tài liệu

*資料をコピーしたものは、そのまま使います。
　Things that are copied from the materials can be used as they are. / Sẽ sử dụng nguyên những gì đã copy từ tài liệu.

（※2）やり直す　redo, do over / làm lại

もんだい2

	答え こた	スクリプト
1ばん 🔊 No.26	3	男の人と女の人が話しています。女の人は、どうして仕事をやめましたか。 <small>おとこ ひと おんな ひと はな　おんな ひと しごと</small> 男：会社やめたんだって？　仕事、大変だったの？ <small>おとこ かいしゃ しごと たいへん</small> 女：ううん、時間通り^{（※1）}に終わるし、せんぱい^{（※2）}でいやな人は <small>おんな じかんどお お ひと</small> 　　いたけど、がまんできるくらいだし。 男：じゃ、なんで？^{（※3）}　ほかにいい仕事が見つかったの？ <small>おとこ しごと み</small> 女：ううん。あのね、私のやりたいことじゃなかったし、 <small>おんな わたし</small> 　　とにかくおもしろくなかったの。 男：おもしろい仕事なんて、なかなかないよ。 <small>おとこ しごと</small> 女：うん、きゅうりょう^{（※4）}も悪くなかったし、 <small>おんな わる</small> 　　ちょっともったいなかった^{（※5）}かな。 女の人は、どうして仕事をやめましたか。 <small>おんな ひと しごと</small>
2ばん 🔊 No.27	3	バスガイド^{（※6）}の話を聞いています。バスは、つぎにどこに行きますか。 <small>はなし き い</small> 女：みなさん、お昼ご飯はいかがでしたか。あのホテルの食事は人気がある <small>おんな ひる はん しょくじ にんき</small> 　　んですよ。おんせんでも有名なんですが、今日はお時間がありません <small>ゆうめい きょう じかん</small> 　　でしたね。つぎに行かれたら、ぜひおんせんにも入ってください。^{（※7）} <small>い はい</small> 　　さて、これから、美術館に向かいます。山の中の美術館なので、 <small>びじゅつかん む やま なか びじゅつかん</small> 　　それまでトイレきゅうけい^{（※8）}はありませんが、だいじょうぶ 　　でしょうか。そのあと、新せんな^{（※9）}野菜をたくさん売っている <small>しん やさい う</small> 　　ショッピングセンターによります。 バスは、つぎにどこに行きますか。 <small>い</small>

（※1）時間通り on time / theo đúng thời gian　　　　　　（※2）せんぱい one's senior / bậc đàn anh đàn chị
　　　<small>じかんどお</small>

（※3）なんで＝どうして　（※4）きゅうりょう salary / lương　（※5）もったいない waste / uổng phí

（※6）バスガイド bus tour guide / hướng dẫn viên trên xe buýt

（※7）「つぎに行かれたら、ぜひおんせんにも入ってください。」
　　　<small>い</small>　　　　　　　　　　　　　　　<small>はい</small>
　　　If you go there next, please try the hot springs. / "Lần tới, nếu đi nữa thì quý vị nhớ vào tắm suối nước nóng nhé".

（※8）トイレきゅうけい bathroom break / nghỉ giải lao để đi vệ sinh

（※9）新せんな fresh / tươi mới
　　　<small>しん</small>

	答え こた	スクリプト
3ばん 🔊 No.28	1	男の留学生が女の人と話しています。男の留学生は、何時の電車に乗るつもり おとこ りゅうがくせい おんな ひと はな おとこ りゅうがくせい なんじ でんしゃ の ですか。 女：あら、出かけるの？ おんな で 男：はい、バイトに行ってきます。 おとこ い 女：日曜日は、休みじゃなかったの？ おんな にちようび やす 男：はい、本当は休みなんですが、店長にたのまれて…。9時5分の電車で おとこ ほんとう やす てんちょう じ ふん でんしゃ 行こうと思っています。 い おも 女：今日は日曜日だから、いつもと時間が違うわよ。9時のつぎは9時20 おんな きょう にちようび じかん ちが じ じ 分、つぎが40分よ。 ぶん ぶん 男：えー！　20分のだと、バイトにおくれてしまいます。その前のに おとこ ぶん まえ 乗らないと。 の 女：まだ10分あるから、走れば間に合う^(※1)わよ。行ってらっしゃい。 おんな ぶん はし ま あ い 男：行ってきます。 おとこ い 男の留学生は、何時の電車に乗るつもりですか。 おとこ りゅうがくせい なんじ でんしゃ の

（※1）間に合う make it in time / kịp giờ
ま　あ

もんだい3

	答え	スクリプト
1ばん 🔊 No.29	2	先生の声が小さいです。何と言いますか。 1　すみません、よく聞けません。 2　すみません、よく聞こえません。 3　すみません、よく聞くことができません。
2ばん 🔊 No.30	1	会社で社員が帰るところです。何と言いますか。 1　おつかれさまでした。 2　お先に失礼します。 3　おかえりなさい。

もんだい4

	答え	スクリプト
1ばん 🔊 No.31	2	あのー、田中さんのご主人じゃありませんか。 1　そんなことはありません。 2　え？　ちがいますが…。 3　そうかもしれませんね。
2ばん 🔊 No.32	3	つかれましたね。少し休みましょうか。 1　ええ、続けてください。 2　あのー、ちょっと休んでもいいですか。 3　そうですね、コーヒーでも飲みましょう。
3ばん 🔊 No.33	1	この間のテスト、100点だったよ。 1　へー、すごーい！ 2　えっ？　そうじゃないよね。 3　うん、がんばるね。

96477-B-231025